通勤大学MBA10

ゲーム理論

グローバルタスクフォース(株)＝著
GLOBAL TASKFORCE K.K.

通勤大学文庫
STUDY WHILE COMMUTING
総合法令

まえがき

■なぜゲーム理論なのか

タクシー会社のAにはタクシーが一〇〇台あり､ドライバーも一〇〇人います。タクシー一台が一日営業すると五万円稼ぐことができ、ドライバーはそのうち一万円を給料としてもらっていました。ところがその額に不満のある彼らは、社長に賃上げを要求しました。
「社長、タクシー一台で一日五万円稼げるんだから、俺たちには四万五〇〇〇円くれませんか? くれないんだったら、俺たちはもう働かないですよ」

社長は困ってしまいました。この辺りにはタクシーを運転できる人間はほかにはいないため、ストライキを起こされると商売になりません。しかし、ドライバー側の要求を飲めば、会社の利益は激減してしまいます。

困った社長は友人であり、この町一番の賢者であるPさんに相談しましました。話をひととおり聞いたPさんは、彼にある助言をしました。

助言を聞いた社長は大喜びで会社に帰り、あることをします。すると驚いたことに、タクシー一台あたり、ドライバーには一万円を支払うということで交渉がまとまったのです。なぜ、ドライバーたちは賃上げ要求を退けてしまったのでしょうか？　詳しくは、本書コラムの「ストライキの話」をお読みください。

どんなに不利に見えることであっても、考え方次第で打開できるときがあるのです。

私たちは、仕事や家庭生活の中で常に判断（意思決定）しなくてはならない状況に遭遇します。アメリカとの通商会談に臨む政府関係者、二対二の同点で迎えた九回裏に一アウト三塁でスクイズさせるべきかどうか迷う野球の監督、ライバル会社との価格競争にどのような対応をするかを決める企画部の部長、子どもをどう育てるかについて悩む親、好きな人に告白するかどうか悩む男女……ジャンルや程度の差こそあれ、すべての人にとって「駆け引きのための決断」は、生きていくうえでのつきものといえます。

そのようなとき、自分にとって「最も都合のいい決断」が常に下せるようになれたらいいと思いませんか？　そのために必要なのは、「論理的に状況を分析して決定に活かす能力」です。そして、この論理的に考える方法を学ぶことができるのが「ゲーム理論」なのです。

■ゲーム理論のコツ

ゲーム理論で最も重要なのは、自分以外の人々（相手）の行動を読むことです。ビジネスでライバルを打ち負かす、顧客をつかむ、子どもにいうことを聞かせる……これらすべてのケースにおいて、自分がどのようなことをすれば相手がどのような行動に出るかを読めなければ正しい選択をすることはできません。

そこで本書では、さまざまな事例を用いて問題を論理的に分析するトレーニングを行います。まったく架空のシミュレーションゲームを扱うケースもあれば、実際に起こっている企業間の競争や国家間の関係を簡略化して分析しているケースもあります。

さまざまなケースについて自分の頭を使っていろいろ考えることにより、実際の生活にも活かせるようにトレーニングすることが本書のテーマです。そのため、ムズカシイ言葉や数学などは抜きにして、頭の体操を楽しみながら論理的に考えるためのコツが習得できるような構成にしてあります。まずは、気軽にトライしてみてください。

ゲーム理論を学ぶことによって相手のことを想定して行動する術を身につけたあなたは、いまよりもっと駆け引きが上手になることでしょう。

■本書の構成

第1章では、まずゲーム理論的状況と、ゲーム理論における基本的なツールとなるプレーヤー、戦略、利得について説明します。第2章と第3章では、ジャンケンやサッカーのペナルティキック（PK）のようにプレーヤーが同時に戦略を決めるゲーム（「戦略型ゲーム」または「同時進行ゲーム」という）を取り上げ、さまざまな均衡概念について考えます。第4章と第5章では、将棋や碁、またはオークションのようにプレーヤーが順番にプレーするゲーム（「展開型ゲーム」または「交互進行ゲーム」という）を取り上げます。まず第4章では、情報が完備されているゲームを取り上げてさまざまな均衡概念を説明します。そして第5章では、その応用として実際のビジネスに近い「情報が不完備であるゲーム」について述べ、その場合にはどのような均衡概念が望ましいのかについて考えます。

■謝辞

本書の出版にあたり、総合法令出版の代表取締役仁部亨氏、竹下祐治氏、足代美映子氏、田所陽一氏に感謝の意を表します。また、執筆・構成協力をいただきましたウイリアム・アーチャー氏、中山景太氏、坪内孝太氏に感謝します。

通勤大学MBA 10

ゲーム理論

■目次■

第2章　同時進行ゲームⅠ

第3章 同時進行ゲームⅡ

第4章 交互進行ゲーム

第1章
ゲーム理論とは

1-1 ゲーム理論の基本的なルール①

ゲーム理論について、まずは簡単なゲームで考えてみましょう。

AとB、二人のプレーヤーがそれぞれキングとクイーンの書かれたトランプを一枚ずつ持っているとします。両者はそれぞれ手持ちの二枚のトランプのうち一枚を選んでテーブルに伏せて置き、同時にオープンします。

このゲームでは、次のようなきまりがあります。

①両者がキングを選んだ場合→両者に一〇〇〇円が支払われる
②両者がクイーンを選んだ場合→両者に五〇〇〇円が支払われる
③一方がキング、一方がクイーンを選んだ場合→キングを選んだ人には一万円支払われるが、クイーンを選んだ人には一円も支払われない

あなたがこのゲームのプレーヤーなら、どちらのトランプを選んで出すでしょうか?

ここで気づいていただきたいのは、「あなたがいくらもらえるかは、すべて相手の出方次

ゲームのきまり

プレーヤーの選択	支払われる金額
❶キング:キング	1,000円:1,000円
❷クイーン:クイーン	5,000円:5,000円
❸キング:クイーン	10,000円:　0円

第」だということです。

たとえば、あなたがクイーンを選んで出した場合、相手が同じくクイーンを出せば、あなたは五〇〇〇円もらえますし、相手がキングを出せば一円ももらうことができません。また、あなたがキングを選んだ場合には、相手がキングを出せば一〇〇〇円、クイーンならなんと一万円もらえることになります。

このように、あなたの利益は相手のとる戦略にかかっています。そのため、あなたがどちらのトランプを選ぶか（どういう戦略をとるか）を決めるときには、必ず「相手がどう出ると予想できるか」について考えなければなりません。

1-2 ゲーム理論の基本的なルール②

前ページのゲームにおいて、相手の出方を見極めるにはどのようにすればよいのでしょうか?

このゲームの場合、利益の早見表を作成することによって、お互いがどのカードを選べばどのような結果になるのかがわかりやすくなります。具体的には、左ページの上図のような表を用意すればよいでしょう。

では、実際にAがクイーン、Bがキングを選んだ場合はどうなるでしょうか?

図において、「Aの選択」(縦の並び)の「クイーン」と、「Bの選択」(横の並び)の「キング」が交わるところを見てください。そこには「○円、一万円」とありますが、左側がAに支払われる金額、右側がBに支払われる金額になります。すなわち、この場合は「Aには○円支払われる(つまり、何も支払われない)、Bには一万円支払われる」ということになります。

利益早見表

Bの選択 / Aの選択	クイーン	キング
クイーン	5,000円、5,000円	0円、10,000円
キング	10,000円、0円	1,000円、1,000円

※左側がAに支払われる金額
右側がBに支払われる金額

Aは0円もらえる
Bは10,000円もらえる

ゲーム的状況における基本ルール

① 自分がどのような選択をするかを決めるためには、相手がどのような選択をするかを考える

② お互いにどのような戦略をとることができ、その戦略をとった場合にどれだけの利益があるのかを見る

1-3 利益早見表のつくり方

では、16ページのゲームの状況を次のように変えて、利益早見表をつくる練習をします。
①両者がキングを選んだ場合→Aには五〇〇〇円、Bには二〇〇〇円が支払われる
②両者がクイーンを選んだ場合→Aには三〇〇〇円、Bには八〇〇〇円が支払われる
③Aがクイーン、Bがキングを選んだ場合→Aには六〇〇〇円、Bには七〇〇〇円が支払われる
④Aがキング、Bがクイーンを選んだ場合→Aには七〇〇〇円、Bには四〇〇〇円が支払われる
自力で利益早見表がつくれそうな方は、ぜひ、次の説明を読む前にやってみてください。

まず、①の条件はどこに書き込めばよいのでしょうか? 両者がキングを選んでいるため、「Aの選択」(縦の並び)のキングと、「Bの選択」(横の並び)のキングが交わるところです。この場合、「Aには五〇〇〇円、Bには二〇〇〇円が支払われる」きまりになっている

利益早見表

Bの選択＼Aの選択	クイーン	キング
クイーン	3,000円、8,000円	6,000円、7,000円
キング	7,000円、4,000円	5,000円、2,000円

※左側がAに支払われる金額、右側がBに支払われる金額

ため、「五〇〇〇円、二〇〇〇円」と書き込みます。この際、左側の金額がA、右側の金額がBに支払われるもの（利益）になるということに気をつけてください。

次に③の条件ですが、Aがクイーン、Bがキングを選んでいるため、「Aの選択」（縦の並び）のクイーンと、「Bの選択」（横の並び）のキングが交わるところです。この場合、「Aには六〇〇〇円、Bには七〇〇〇円が支払われる」きまりになっているため、「六〇〇〇円、七〇〇〇円」と書き込みます。

残りの②と④の条件も同様に書き込みます。完成したら、図を見て正解を確かめましょう。次項では、ここから何がわかるかについて見ていきます。

1-4 利益早見表（利得行列）を用いて分析する

前項のゲームを行った際のAの立場になって考えてみましょう。前述のとおり、まずは相手（B）がどう出るか（どのような選択をするか）を考えなくてはなりません。では、前ページの図における右側の金額（Bの利益）だけを見てみましょう。

Bの選択 ＼ Aの選択	クイーン	キング
クイーン	八〇〇〇円	七〇〇〇円
キング	四〇〇〇円	二〇〇〇円

表を見ればわかるように、Aがクイーンとキングのどちらを選んだ場合でも、Bはクイーンを出したほうが多くの金額をもらうことができます。つまり、Bはクイーンさえ出しておけば絶対に損をしないわけです。そのため、Aとしては「Bはクイーンを選ぶ」と予想することができます。ここでBがクイーンを選ぶであろうことがわかったため、利益早見表

からBがキングを選ぶという項目を消してしまっても構わないことになります。そこで表からBがキングを選ぶ部分を削除して、今度はAの利益のみを表してみましょう。

Aの選択＼Bの選択	クイーン
クイーン	三〇〇〇円
キング	七〇〇〇円

この表を見れば一目瞭然でしょう。Aの利益のみを記した表のため、Aとしては、自分がクイーンを選んだ場合とキングを選んだ場合を比較して、より利益の大きいほうを選べばよいということになります。ここでは当然、キングを選ぶでしょう。

ここにBの利益を付け加えると、次のようになります。

Aの選択＼Bの選択	クイーン
キング	七〇〇〇円、四〇〇〇円

ゲームの結果、Aは七〇〇〇円、Bは四〇〇〇円もらえることがわかります。すべてのゲームがこのように分析できるとは限りませんが、流れさえ把握できれば十分です。

1-5 ゲーム的状況の事例

では、具体的なケースを見てみましょう。

あなたは携帯電話会社Pで新製品開発の責任者をしています。現在、P社ではX機種とY機種の開発が進んでおり、X機種を発売した場合には二〇〇億円、Y機種を発売した場合には一〇〇億円の利益を見込んでいます。そして、あなたにはどちらか一方を選んで発売する責任があります。さて、あなたはXとYのどちらの機種を選びますか?

このような問題に直面した際に、利益に対する予想が正しいと仮定すれば、ほとんどの人がより大きな利益をもたらすX機種の発売を選ぶのではないでしょうか。

しかし前述のように、ゲーム的状況では常に相手がどのような選択をするのかを考えなくてはなりません。そこでP社が調査したところ、競合Q社も新しい機種の開発を進めていることがわかりました。さらに、P社がX機種を発売して二〇〇億円の利益が見込めるのは、Q社がY機種を発売したときであり、P社がY機種を発売して一〇〇億円の利益が

P社とQ社の利得行列(Payoff matrix)

Q社の選択 ＼ P社の選択	X機種	Y機種
X機種	250億円、400億円 ‖ P社にとっては当初予想より大きい利益	200億円、?円
Y機種	100億円、?円	300億円、700億円 ‖ P社にとっては当初予想より大きい利益 ‖ P社にとって最大の利益

※左側がP社の利益、右側がQ社の利益

↓

相手の戦略を見てから自分(自社)の戦略を決めることが大切

見込めるのは、Q社がX機種を発売したときだということもわかりました。さらに、両社がX機種を発売した場合は、P社は二五〇億円、Q社は四〇〇億円の見込み利益があり、両社がともにY機種を売り出した場合は、P社は三〇〇億円、Q社は七〇〇億円の利益が見込めます。

　このケースにおいて、P社にとって最も好ましい状況は、両社がY機種を発売することです。その場合P社は、X機種発売時に当初(競合がいない状況で)見込んでいた二〇〇億円より大きい三〇〇億円の利益を上げることができます。そして、これはP社のとり得る意思決定の中で最大の利益となります。

COLUMN

ストライキの話①

タクシー会社のAにはタクシーが一〇〇台あり、ドライバーも一〇〇人います。タクシー一台が一日営業すると五万円稼ぐことができ、ドライバーはそのうち一万円を給料としてもらえることになっていました。ところが、彼らは不満でいっぱいです。「一台あたり五万円稼げるのに、なぜ俺たちは一万円しかもらえないんだ？　おかしいと思わないか!?」「そうだそうだ、俺たちの給料は安すぎる！　社長に直談判に行こう！」。

というわけで、ドライバーたちはみんなで社長のところへ行き、賃上げを切り出します。「社長、タクシー一台で一日五万円稼げるのに、どうして一万円しかもらえないんですか？　四万五〇〇〇円くれなければ、俺たちはもう働かないですよ」。

社長は困ってしまいました。しかし、ドライバー側の要求を飲めば、会社（社長）の利益はタクシー一台あたり三万五〇〇〇円も激減してしまいます。だからといって、彼らの要求を拒否してストライキを起こされてしまった場合は営業できなくなるため、社長の元には一円も入ってきません。この辺りにはタクシーを運転できる人間は彼らのほかにいないのです。

困った社長は友人のPさんに相談しました。Pさんはこの町一番の賢者です。話をひととお

COLUMN

社長の利益①

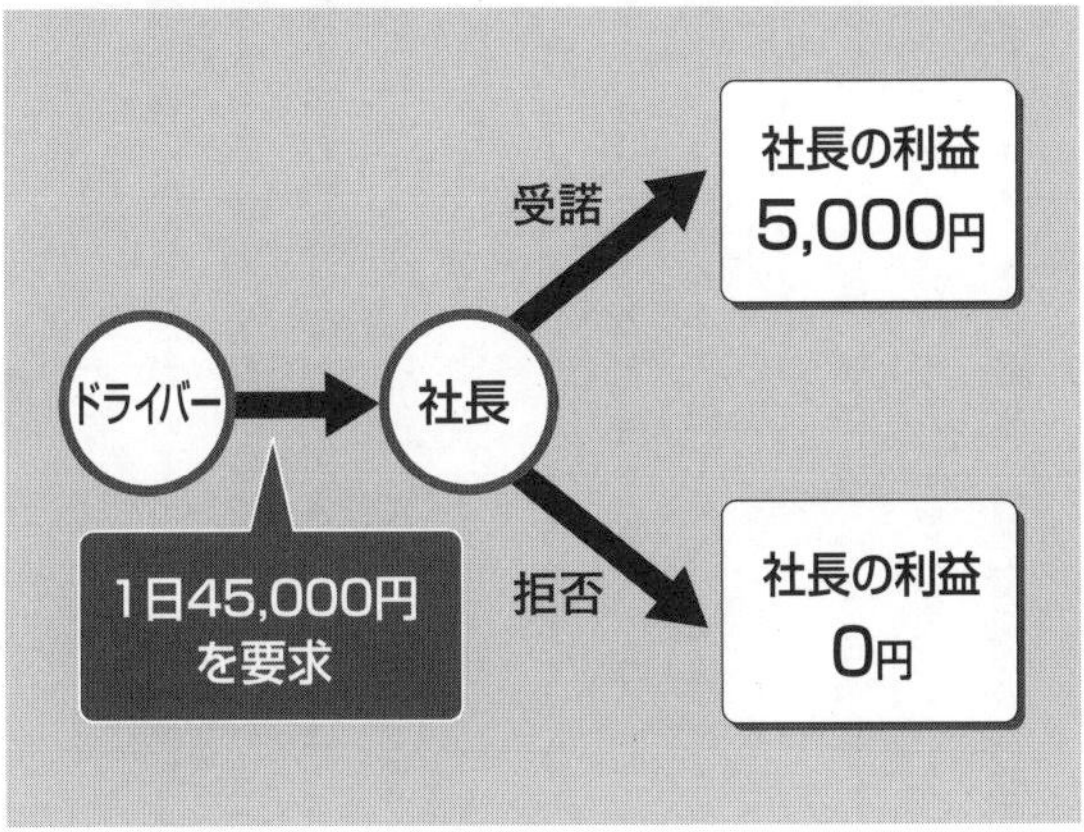

り聞いたPさんは、パイプをくゆらせながらある助言をしました。

それを聞いた社長は大喜びをして会社に帰り、あることをした後にドライバーたちにこう告げました。「えっへん。仕方がないから、諸君には一日に一万円支払ってあげよう」。

これは驚きです。交渉前とまったく条件が変わっていないではありませんか。社長は何を考えているのでしょうか？　賃金交渉を端からあきらめてしまったのでしょうか？

ところが、またまた驚いたことに、結局一台あたり社長（会社）が四万円、ドライバーは一万円の取り分ということで交渉がまとまったのです。なぜ、ドライバーたちはそれで納得したのでしょうか？

ストライキの話②

COLUMN

前コラムのケースにおいて、いったい社長はどのような奇策を思いついたのでしょうか？

話は友人Pさんとの会話にまでさかのぼります。

社長からの相談を受けたとき、Pさんはこう答えました。

「問題は、ドライバーが一〇〇人いて、タクシーが一〇〇台あることですね」

「えっ、どういうことですか？　ドライバーはこれ以上増やせないんですよ」

「タクシーが九九台しかなかったらどうなりますか？」

「どうして減らす必要があるんですか？……ああ、そうか！　タクシーが九九台しかない場合は乗務できない人が一人出てくる。そうなると、ドライバーたちは自分が働けなくならないように妥協してくるわけですね!!」


詳しく説明すると、タクシーが一台少なくなれば、職を失うドライバーが必ず一人出てくるわけです。職を失えば収入がなくなってしまうため、ドライバーはなんとしてもそれだけは避けようとします。その結果、賃上げ交渉は社長に圧倒的に有利な形になる、つまりそれまでの立場が逆転してしまうのです。

社長の利益②

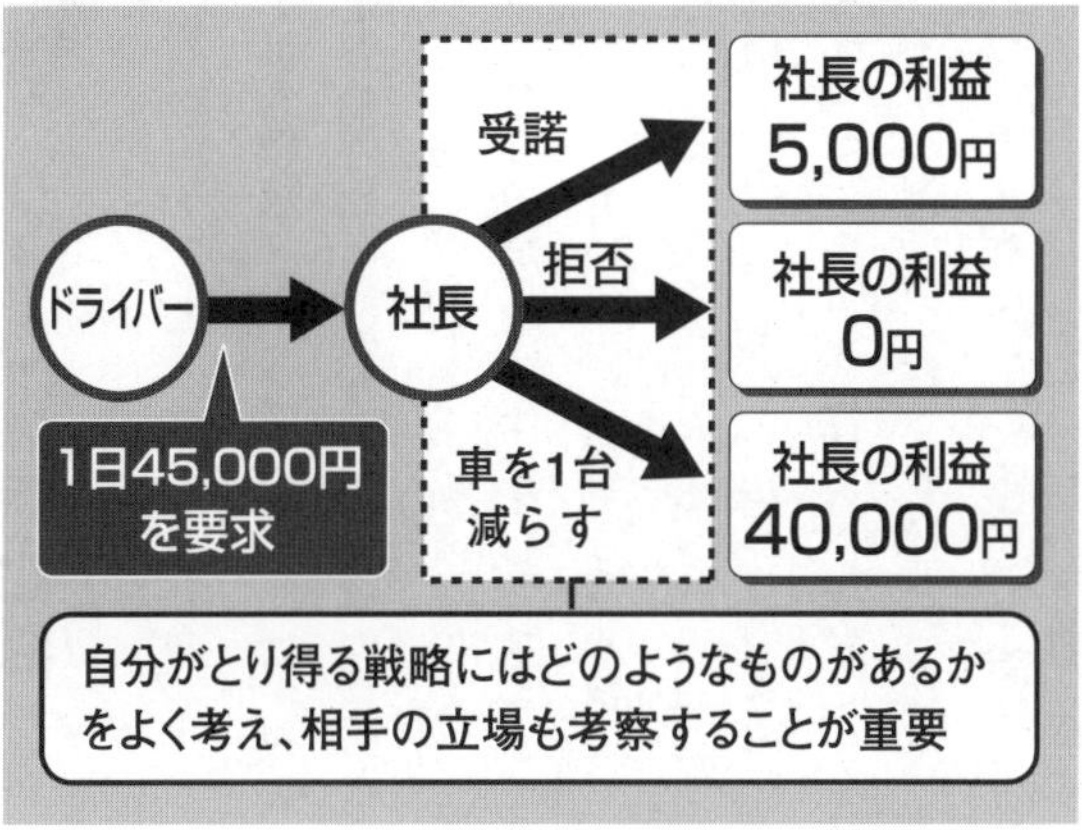

タクシーが一〇〇台、ドライバーが一〇〇人のときは社長のほうが圧倒的に不利でした。賃上げ要求を断れば営業ができなくなって収入がなくなってしまうため、社長は妥協するしかなかったからです。ところが、タクシーを一台減らすだけで立場がまったく逆転してしまうのです。今度は逆に、ドライバーのほうが社長に対して妥協しなくてはいけなくなってしまいました。

このように一見不利に見えるときでも、ちょっと考え方を変えることによって状況が一変することがあります。常に状況をしっかりと把握して、自分のとり得る戦略と相手のとり得る戦略を考え、最善の方法を選んでいかなくてはならないのです。

1-6 ゲーム理論とは

ゲーム理論（Game Theory）とは、複数の利害関係者が意思決定する状況において、意思決定者の行動を他の意思決定者の行動との関連で考察するための方法論です。24ページのP社とQ社の事例に見られるように、P社の意思決定は「利益（利得）の最大化」という目的の下でQ社の意思決定に左右されます。また、Q社の意思決定もP社の意思決定に左右されます。つまり、一方の最適な意思決定は、他方の意思決定と密接にかかわっているのです。

ゲーム理論では、①**プレーヤー**（Player）、②**戦略**（Strategy）、③**利得**（Payoff）または**効用**（Utility）といった三つの要素が重要です。

まず、プレーヤーは個人の場合と、企業や団体、政党などの組織の場合とがあります。24ページの例でいえば、P社とQ社がプレーヤーになります。参加するプレーヤーの数に応じて「二人ゲーム」「三人ゲーム」などと呼びますが、一般には**n人ゲーム**と呼びます。

プレーヤーは状況に応じて行動を選択しますが、そのようなプレーヤーの行動計画を「戦

ゲーム理論の構成3要素

前提：プレーヤーは利得（または効用）を最大化するという目的を持っている

①プレーヤー Player	②戦略 Strategy	③利得 Payoff
・個人 ・組織 （企業、団体、政党など） ↓ 2者…2人ゲーム 3者…3人ゲーム ⋮ n者…n人ゲーム	プレーヤーの行動計画	戦略に従うことで得られる結果を数値化したもの または **効用 Utility** ゲームの結果に対する選考順序を数値化したもの
例 P社 Q社	例 X機種 Y機種 を選ぶこと	例 300億円 700億円 の利得

略」といいます。P社とQ社のケースでいえば、X機種を選ぶのか、それともY機種を選ぶのかが各社の戦略になります。

さらに、プレーヤーが戦略に従うことによって結果が出ますが、この結果を数値化したものが「利得」です。前項の事例では、P社とQ社がそれぞれ戦略を選んだときに得られる三〇〇億円や七〇〇億円などの利益額が利得になります。また、ゲームの結果に対する選考順序を数値化したものを「効用」といい、プレーヤーは「利得または効用を最大化するという目的」を持っています。なお、ゲーム理論においてプレーヤーは**合理的**（Rational）であり、他者との関係の中で自己の利得を最大化することが基本形となります。

1-7 ゲーム理論の分類

ゲーム理論は、チェスなど勝ち負けを競う室内ゲームにおける二人の意思決定主体の行動分析から始まりました。このようなゲームにおける意思決定は、勝ち負けという形で利害が完全に対立しますが、そのようなゲームを**ゼロサムゲーム**（Zero-sum game）といいます。また、そうでないゲームを**非ゼロサムゲーム**（Non zero-sum game）といいます。

二人のゼロサムゲームでは利害が完全に対立するため、プレーヤー自身の利得がわかれば当然､相手の利得もわかります。このようにゲームに参加するすべてのプレーヤーがゲームの規則を完全に知っており、さらにほかのプレーヤーもゲームの規則を完全に知っていると認識しているゲームを**情報完備ゲーム**(Game with complete information)といいます。

一方、ゲームの規則がゲームに参加するプレーヤーの間で共有されていないゲームを**情報不完備ゲーム**（Game with incomplete information）といいます。スポーツなどは情報完備ゲームの代表的な例であり、企業競争や経営に関するさまざまな意思決定などは情報

ゲーム理論の分類

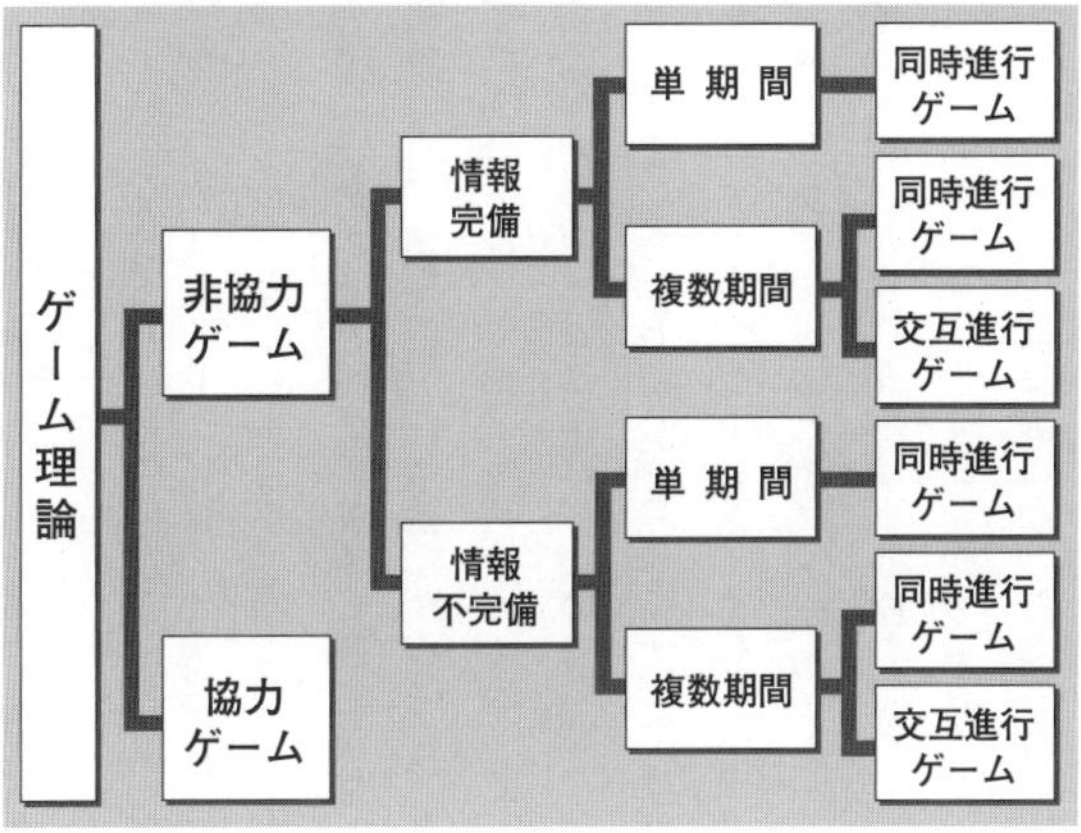

不完備ゲームの典型的な例です。

ところで、ゲーム理論は**非協力ゲーム**（Non-cooperative game）と**協力ゲーム**（Cooperative game）に大別されます。非協力ゲームでは、プレーヤーがそれぞれ独自に意思決定を行います。二人ゼロサムゲームなどは非協力ゲームの典型です。一方の協力ゲームでは、プレーヤー間の戦略決定のための話し合いと拘束力のある合意が可能とされます。

また、一回きりの意思決定を扱うものを**単期間ゲーム**、複数回繰り返されるものを**複数期間ゲーム**といいます。加えて、複数のプレーヤーによって同時に意思決定されるものを**同時進行ゲーム**、交互に意思決定されるものを**交互進行ゲーム**といいます。

COLUMN

ゼロサムゲームと非ゼロサムゲーム

COLUMN

東京の郊外にあるGTF市には、二年前に市内のA地区に海外ブランドメーカーがそろうアウトレットモールが誕生しました。同市の人口も徐々に増え、発展し始めています。しかし、A地区の隣に位置するB地区にあるC商店街は、アウトレットモールによって大幅に顧客を奪われて閉鎖寸前。同商店街には昔ながらの店が多いため、ほとんどの顧客が海外の流行ブランド目当てにアウトレットモールへ流れていってしまったのです。

C商店街の代表であるD氏は、この二年間、非常に厳しい状況を必死に切り抜けて商店街を存続させてきました。しかし、今年に入って事態はさらに悪化。なんと今度は、C商店街のあるB地区にショッピングセンターやレストラン、映画館に美術館までもがそろう巨大な「文化都市」Rヒルズが建設されることになったのです。この知らせを聞いたD氏は、「ああ、これで完全にお客さんはC商店街から離れていってしまう……」と意気消沈していました。

ところが、実際にRヒルズが完成してみると、なんとC商店街の各店舗の店長から、売上が二倍になった、さらには三倍になったなどという報告が次々とあったのです。

あなたには、このような状況になった理由がわかるでしょうか？

従来のGTF市における顧客数は次のようなものでした。

・A地区（アウトレットモール：五万人）

・B地区（C商店街：五〇〇〇人）

D氏は、自分たちがこれまで抱えていた顧客五〇〇〇人がRヒルズに奪われてしまうと考えて、悲観的になっていたのです。しかし、実際にはそのような事態にはなりませんでした。B地区にRヒルズができたことによって、顧客数は次のように変化したのです。

・A地区（アウトレットモール：五〇〇〇人）

・B地区（C商店街：一万人、Rヒルズ：二〇万人）

Rヒルズの誕生によってB地区の顧客数自体が大幅に増えた、つまり市場規模自体が大きくなったのです。

A地区のアウトレットモールとRヒルズの関係は、大雑把にいうと「ゼロサムゲーム的状況」です。アウトレットモールはRヒルズに顧客を奪われてしまっているからです。ただ、世の中におけるゲームは、このようなゼロサムゲームだけではありません。両者が得をする可能性のある「非ゼロサムゲーム」も存在するのです。そして、C商店街とRヒルズの関係は、非ゼロサムゲームとなっています。

第2章
同時進行ゲームⅠ

2-1 戦略形ゲーム①　～戦略形ゲームとは～

本書では、二人のプレーヤーが相手プレーヤーの戦略を考慮して自己の利得を最大化しようとする「非協力ゲーム」について取り扱います。まず第2章・第3章では、**非協力ゲーム**の中でもプレーヤーが同時に意思決定をする**同時進行ゲーム**(Simultaneous game)について考えましょう。プレーヤーの意思決定における相互依存関係を表現する基本となるのが**戦略形ゲーム**（Game in strategic form）で、これは「プレーヤー」「戦略」「利得」の三つの要素によって表されます。では、事例で考えていくことにしましょう。

【ケース1】

自動車メーカーA社とB社はZ国の乗用車市場において長年激しい競争を続け、実質的にZ国の乗用車市場を二分してきました。A社とB社はともにあるファミリー向けセダンの販売基準価格を二〇〇万円としています。A社とB社には、販売基準価格を「据え置く」戦略と「一〇%引き下げる」戦略があります。A社とB社がともにファミリー向けセダン

自動車メーカーA社とB社の利得行列

B社の戦略 ＼ A社の戦略	販売基準価格据え置き	販売基準価格10%引き下げ
販売基準価格据え置き	500億円、500億円	200億円、700億円
販売基準価格10%引き下げ	700億円、200億円	400億円、400億円

※左側がA社の利得、右側がB社の利得

の販売基準価格を二〇〇万円に据え置いた場合は、両社とも五〇〇億円の利得が見込めます。また、A社が販売基準価格を一〇%引き下げてB社が据え置いた場合、A社は七〇〇億円、B社は二〇〇億円の利得が見込めます。さらに、A社が価格を据え置いてB社が引き下げた場合は、A社は二〇〇億円、B社は七〇〇億円の利得が見込めます。そして、A社とB社がともに価格を引き下げた場合には、両社とも四〇〇億円の利得が見込めます。なお、A社とB社はお互いの戦略について話し合って協力することはありません。

では、次項でA社とB社が自社の利得を最大化するためにどのような戦略をとるべきかについて見ていきましょう。

2-2 戦略形ゲーム②〜支配戦略〜

ケース1で見た、Z国における乗用車市場で競合する自動車メーカーA社とB社の戦略を分析していきましょう。その際、二社の戦略を同時に考えることは難しいため、一社ごとに戦略と利得の関係を見ていきます。

まず、B社の各戦略に対するA社の戦略と、その結果としてもたらされる見込み利得を比較します。B社がファミリー向けセダンの販売基準価格を二〇〇万円に据え置いたときのA社の利得を比較すると、A社も販売基準価格を据え置いた場合は五〇〇億円、B社に対抗する形で価格を一〇%引き下げた場合には七〇〇億円になります。一方、B社が価格を一〇%引き下げたときのA社の利得は、B社に対抗する形でA社が価格を据え置いた場合は二〇〇億円、A社も価格を一〇%引き下げた場合は四〇〇億円になります。ここで注目すべきは、B社の各戦略に対してA社は常に「価格据え置き」戦略よりも「一〇%価格引き下げ」戦略を選択したほうが、より大きい利得が見込めるということです。

A社の利得

B社が販売基準価格を据え置いたとき

- A社も据え置いた場合→500億円
- **A社が引き下げた場合→700億円** ➡ 価格を引き下げたほうがよい

B社が販売基準価格を10％引き下げたとき

- A社が据え置いた場合→200億円
- **A社も引き下げた場合→400億円** ➡ 価格を引き下げたほうがよい

▼

B社が販売基準価格を据え置いても引き下げても、
結局A社としては価格を引き下げたほうが得になる

▼

A社にとっての支配戦略＝**販売基準価格を10％引き下げる！**
※B社の支配戦略もまた「販売基準価格を10％引き下げる」ことになる

このように、相手のどのような戦略に対しても、特定の戦略の利得が他の選択可能な戦略に比べて大きい場合は、「その特定の戦略は他の戦略を**支配**（Dominant）**する**」といいます。また、このような優位な戦略を**支配戦略**（あるいは**絶対優位の戦略**）といいます。そして、ケース1におけるA社の支配戦略は価格引き下げ戦略であり、B社の戦略においても価格引き下げ戦略が支配しています。その結果、A社とB社はともに「販売基準価格の一○％引き下げ」という各社の支配戦略を採用し、両社の利得はともに四○○億円になると考えることができます。つまり、支配戦略は他のどんな戦略よりもよいため、A社もB社も支配戦略を選ぶということです。

野球で見る支配戦略

COLUMN

支配戦略について、もう少しわかりやすい例で見てみましょう。

今日は伝統の阪神−巨人戦です。日曜日ということもあってか、球場は満員御礼、四万八〇〇〇人の観客が世紀の大熱戦に沸いています。

〇対〇の息苦しい接戦が続き、このまま延長戦へ突入かと思われた九回表、二アウトから巨人・清原の三五号ソロホームランによって均衡が破れました。巨人がとうとう一点を入れたのです。

これで阪神もジ・エンドかと思われましたが、そこは今年の阪神の強いところ。その裏に、二塁へランナーを置いて、今度は代打の八木が二アウトから一、二塁間を破る浅いセンター前ヒットを放ちました。それにより二塁ランナーが生還し、試合を振り出しに戻したのです。

しかし、浅いセンター前ヒットでは、三塁ランナーはホームインできても、二塁ランナーがホームインするのは難しいと思われます。

なぜ、このときの阪神はシングルヒットだけで二塁ランナーをホームインさせることができたのでしょうか？

COLUMN

それは、二アウト・二ストライク・三ボールのフルカウントだったからです。野球では二アウトでフルカウントの場合、ランナーはピッチャーが投げると同時にスタートを切るのです。

では、なぜフルカウントのときだけ、このような思い切ったスタートを切ることができるのでしょうか？

それは、フォアボール、三振、ファール、ヒットなどの考え得るすべてのケースにおいて、スタートを切ることは得することはあっても損することはないからです。たとえば、次の球がボールの場合はフォアボールになり、ランナーはそのまま進塁することができます（フルカウントでない場合は盗塁となるため、アウトになる危険性がある）。また、バッターが三振した場合は攻撃が終わるだけ、さらにファールだった場合は二塁に戻ればよいだけなので、とくに危険はありません。しかし、次の球でバッターがヒットを放った場合は、早くスタートすることによってランナーがホームインすることができる可能性が一気に高くなるのです。

つまり、二アウトのフルカウントでスタートを切るという戦略は、絶対に損をすることがない、むしろ得をするものだということです。おおまかにいえば、このように「他の戦略をとるよりも必ず得をする」戦略を「支配戦略」といいます。

2-3 戦略形ゲーム③ ～弱支配戦略〈その1〉～

38ページのケース1の状況を少し変えてみましょう。

【ケース2】

自動車メーカーA社とB社があります。A社がファミリー向けセダンの販売基準価格を据え置いてB社が一〇％引き下げた場合、A社の利得は四〇〇億円になります。また逆に、B社がファミリー向けセダンの販売基準価格を据え置いてA社が一〇％引き下げた場合、B社の利得は六〇〇億円になるとします。その他の条件はケース1と同様です。

B社が販売基準価格を据え置いた場合、A社も価格を据え置けば五〇〇億円の利得、価格を一〇％引き下げると七〇〇億円の利得が見込めます。一方で、B社が販売基準価格を一〇％引き下げた場合、A社が価格を据え置いて引き下げても利得は四〇〇億円です。

あるプレーヤーにとっての支配戦略とは、他のプレーヤーのすべての戦略に対して、その利得が他の戦略の利得よりも大きくなるような戦略のことでした。それに対し、他のプ

A社とB社の利得行列ならびにA社の弱支配戦略

A社の戦略＼B社の戦略	販売基準価格据え置き	販売基準価格引き下げ
販売基準価格据え置き	**500**億円、500億円	**400**億円、700億円
販売基準価格引き下げ	**700**億円、600億円	**400**億円、400億円

A社にとっては価格を引き下げたほうがよい（左列：500億円 ↕ 700億円）

A社にとっては価格を据え置いても引き下げても同じ（右列：400億円 ↕ 400億円）

※左側がA社の利得、右側がB社の利得

A社にとっては…

・B社が販売基準価格を据え置いた場合、A社は価格を引き下げたほうがよい
・B社が販売基準価格を10%引き下げた場合、A社は価格を据え置いても引き下げてもよい

↓

少なくとも1つ以上の戦略（B社が販売基準価格を据え置いたときにA社は価格を引き下げる）の利得が、他の戦略に勝っている（弱支配している）

↓

A社にとっての弱支配戦略 ＝ **販売基準価格を引き下げる！**

レーヤーの少なくとも一つの戦略に対して、その利得が他の戦略の利得よりも大きくなるような戦略を弱支配戦略といいます。

　たとえば、あるプレーヤーにはＡ１、Ａ２、Ａ３……という戦略があり、相手にはＢ１、Ｂ２、Ｂ３……という戦略があるとしましょう。このケースでＡ１が支配戦力であるためには、Ｂ１、Ｂ２、Ｂ３……のすべての戦略に対してＡ１の利得がＡ２、Ａ３……の利得よりも大きくなければなりません。しかし、Ａ１が弱支配戦略であるためには、たとえばＢ２の戦略に対してＡ１の利得がＡ２、Ａ３……の利得より高ければよく、Ｂ１、Ｂ３……に対してはＡ２、Ａ３……の利得と同じでもよいのです。

2-4 戦略形ゲーム④〜弱支配戦略〈その2〉〜

では、前項のケース2においてA社の各戦略に対するB社の戦略を検討してみましょう。A社が販売基準価格を据え置いた場合、B社は価格を据え置くと五〇〇億円、価格を一〇％引き下げると七〇〇億円の利得となります。つまり、A社が販売基準価格を据え置いた場合、B社にとっては「販売基準価格の一〇％引き下げ」のほうが優位な戦略となるのです。一方、A社が販売基準価格を引き下げた場合、B社は価格を据え置くと六〇〇億円、一〇％引き下げると四〇〇億円の利得になります。つまり、A社が価格を一〇％引き下げた場合は、B社にとっては「販売基準価格の据え置き」のほうが優位な戦略となるのです。

したがって、B社にとっては支配戦略も弱支配戦略もないことになります。つまり、B社にとってはA社が販売基準価格を据え置くときは「価格の一〇％引き下げ」が、そしてA社が販売基準価格を引き下げるときは「価格の据え置き」が優位な戦略となるのです。

このケースでは、「販売基準価格の据え置き－販売基準価格の一〇％引き下げ」と「販売

A社とB社の利得行列ならびにB社にとっての最適な戦略

A社の戦略 ＼ B社の戦略	販売基準価格据え置き	販売基準価格引き下げ
販売基準価格据え置き	500億円、**500**億円	400億円、**700**億円
	B社にとっては販売基準価格を引き下げたほうがよい	
販売基準価格引き下げ	700億円、**600**億円	400億円、**400**億円
	B社にとっては販売基準価格を据え置いたほうがよい	

※左側がA社の利得、右側がB社の利得

- A社が販売基準価格を据え置いた場合は、B社は価格を引き下げたほうがよい
- A社が販売基準価格を引き下げた場合は、B社は価格を据え置いたほうがよい

状況により異なる

B社には支配戦略も弱支配戦略もない！

基準価格の一〇%引き下げ－販売基準価格の据え置き」という二つの戦略の組み合わせにおいて、両者の利害が一致しています。しかし、A社にとって「販売基準価格の一〇%引き下げ」は弱支配戦力であるため、当然A社は「販売基準価格の一〇%引き下げ」戦略をとってくるであろうことが予想できます。そのためA社が「販売基準価格の一〇%引き下げ」を選んだ場合には、B社は自社にとってより得となる「価格基準価格の据え置き」戦略をとるべきでしょう。

　このように、支配戦略を持たないプレーヤーは、支配戦略を持つプレーヤーが選択するであろう戦略に対応して戦略を選ぶことになります。

COLUMN

弱者の生きる道①

あるジャングルに、どう猛でとても強いライオン一匹と、すばしっこいがあまり強くはないハイエナが一匹いました。

二匹とも、とてもお腹が空いています。しかし、先にハイエナが狩りをして獲物をとると、後からやってきたライオンに横取りされてしまいます。狩りで体力を消耗しているハイエナは強いライオンにまったく抵抗することができず、せっかく狩りをしたのに食事にありつくことができません。

一方、先にライオンが狩りをした場合は、逆にハイエナが獲物を横取りしてしまいます。いつもは弱いハイエナも、狩りで体力を消耗したライオンにならある程度対抗できるからです。そのため、せっかく狩りをしたライオンは少ししか食べることができません。

なお、二匹ともが狩りをした場合は、双方が食事にありつくことができます。

この場合、ハイエナにとって最悪な事態は、自分の獲物をライオンに横取りされてしまうことです。しかも、ライオンはハイエナより圧倒的に強いため、獲物を丸ごと横取りされてしまいます。つまり、ハイエナとしては狩りをしたところで、ただの骨折り損のくたびれもうけに

ハイエナとライオンの利得行列

ライオンの戦略／ハイエナの戦略	自分で狩りをする	相手が狩りをするのを待つ
自分で狩りをする	ハイエナ：○ ライオン：○	ハイエナ：× ライオン：◎
相手が狩りをするのを待つ	ハイエナ：◎ ライオン：△	ハイエナ：△ ライオン：×

なるだけなのです。

一方、ライオンにとって最悪な事態は、二匹ともが相手が狩りをするのを待っていることです。なぜならライオンはもともと強いので、いくら狩りによって体力を消耗していてもハイエナに獲物を全部横取りされてしまうようなことにはならないからです。しかし、二匹ともが相手が狩りをするのを待っているという状況は、ライオンにとっては唯一何も得られないという点で最悪の事態になるわけです。

さて、このケースにおいて、狩りをするのはハイエナとライオンのどちらがよいでしょうか？

弱者の生きる道②

前ページの表を分解しながら考えていきましょう。

まずは、ハイエナの立場からです。

①ライオンが先に狩りをした場合…ハイエナも狩りをすれば○、ライオンの獲物を横取りするなら◎です。したがって、ハイエナはライオンが狩りをするのを待ったほうがよいことになります（図①参照）。

②ライオンがハイエナの狩りを待った場合…ハイエナが自分で狩りをするとライオンに全部横取りされるため×、ライオン同様じっとしているなら△です。したがって、この場合もやはりハイエナはライオンが狩りをするのを待ったほうがよいことになります（図②参照）。

①と②より、ハイエナにとって、自分は狩りをせずにライオン（相手）が狩りをするのを待つということは常に得をする「支配戦略」となります。

一方、ライオンには、ハイエナにとっては自分で狩りをするよりもライオンが狩りをするのを待つほうが支配戦略となることがわかっています。つまりライオンには、ハイエナはライオンが狩りをするのを絶対に待つということが予想できるわけです。しかし、自分にとっての利得

COLUMN

ハイエナとライオン、それぞれの利得

図①

ハイエナ＼ライオン	自分で狩りをする
自分で狩りをする	ハイエナ：○
相手が狩りをするのを待つ	ハイエナ：◎

図②

ハイエナ＼ライオン	相手が狩りをするのを待つ
自分で狩りをする	ハイエナ：×
相手が狩りをするのを待つ	ハイエナ：△

図③

ハイエナ＼ライオン	自分で狩りをする	相手が狩りをするのを待つ
相手が狩りをするのを待つ	ライオン：△	ライオン：×

を考えた場合、両者が何もせずに待つということはライオンにとって最悪の事態になります（図③）。

　よって、ライオンは自分で狩りをするという戦略を選択することになります。獲物が何もないより、そちらのほうが少しはマシだからです。つまり、このケースではライオンが狩りをして、ハイエナがその獲物を横取りする（おこぼれをもらう）という状態が最もよいという結果になります。

　ここでわかるのは、強い者が常に勝てるとは限らないということです。

中小企業の生きる道

前コラムのような例はビジネスの世界でも実際にあります。ここでは、資金が豊富で全国展開している知名度の高い大型店と、地元のみの店舗で頑張る地元（中小）店を想定しましょう。

それぞれの利得の関係は、ハイエナとライオンの例とまったく同じ関係になります。利得行列については、今回は○×の代わりにお店の売上が入っています（図参照）。

結論を先に述べると、弱い地元店により有利な状況（地元店は相手が宣伝するのを待つ－大型店は自分で宣伝する）でバランスがとれます。知名度の高い大型店が宣伝に多くの金をかけたり、開発やインフラ整備に投資したりする一方で、資金力のない地元店は、大型店がそのようにお金をかける「おこぼれ」に与かりながら利益を確保していくのです。

この地元店のような戦略をとる企業を「フォロワー」といいます。具体的な例としては、従来の電話回線が挙げられます。電話業界の中で巨大な企業といえばＮＴＴですが、同社はその巨大さを武器に全国の電話回線網をどんどん広げていきました。それに対して、他の電話会社は電話回線網を新たにつくって事業を展開していくのではなく、ＮＴＴから回線を借りることによって利益を上げていったのです。

COLUMN

大型店と地元店の利得行列

地元店の戦略＼大型店の戦略	自社で宣伝する	相手が宣伝するのを待つ
自社で宣伝する	1億円、10億円	−1億円、20億円
相手が宣伝するのを待つ	5億円、7億円	0円、5億円

※左側が地元店の利得、右側が大型店の利得

そしてライオンとハイエナの例同様、このような関係では、やはり強者が有利であることもわかるでしょう。このような関係の下では、力の弱い者は強い者に頼らざるを得ないため、どんどん立場が弱くなっていくのです。たとえば、NTT以外の電話会社はNTTの回線を利用しなければ経営がほとんど成り立ちません。ただし、いつまでもフォロワー戦略をとっていたのでは、いつかは大企業に足元を見られてしまうため、どこかで大企業への依存から脱却しなければなりません。

ちなみに、現在ではインターネットのインフラを活用したIP電話ができたため、電話会社はNTTの一般回線を使わなくてもサービスを提供できるようになりました。

2-5 囚人のジレンマ①～囚人のジレンマとは～

同時進行ゲームの有名な例に「囚人のジレンマ」があります。これは、プレーヤーにとってよりよい状態があるにもかかわらず、悪い状態に陥ってしまう意思決定の代表例です。

【ケース3】

強盗を犯した二人組が軽い窃盗容疑で逮捕されました。別々に監禁されている二人には、二つの選択肢（戦略）があります。一つは「黙秘する」こと、もう一つは「自白する」ことです。二人ともが黙秘を通せば、お互い二年の懲役刑ですみます。また、どちらか一方が強盗を自白して、もう一方が黙秘を続ければ、自白したほうは共犯証言の制度により一年の懲役刑に減刑されます。しかし、黙秘を通したほうは懲役二〇年の刑に処せられます。そして、二人ともが自白した場合は、二人とも五年の懲役刑を受けることになります。

二人組を容疑者Xと容疑者Yとして、それぞれの行動を考えていきます。Yが黙秘を通した場合、Xは強盗を自白することによって、黙秘を続けるよりも軽い懲役一年の刑を科

囚人のジレンマ

容疑者X＼容疑者Y	黙秘	自白
黙秘	懲役2年、懲役2年	懲役20年、懲役1年
自白	懲役1年、懲役20年	懲役5年、懲役5年

（各列：Xにとっては自白のほうが優利）

※左側が容疑者X、右側が容疑者Y

容疑者Xにとっては、自白することが支配戦略となる

せられることになります。一方、Yが強盗を自白した場合、Xの最良の選択は自白することです。したがって、Yが自白しようが黙秘しようが自分は自白したほうが得になるため、Xにとっては「自白する」ことは支配戦略となります。同様に、Yにとっても「自白する」ことが支配戦略となります。

ところが、XとYの両者が自分にとって最も得になる「自白」を選んだ場合は、黙秘していれば二年で済んだ懲役が両者の自白によって五年に延びてしまいます。二人にとっては両者が黙秘することが最良でも、「相手が裏切るかもしれない」という不安によって自動的に望まないものへと導かれていってしまうのです。これが「囚人のジレンマ」です。

2-6 囚人のジレンマ②　～プレーヤーの利得～

通常、囚人のジレンマにおけるプレーヤーの利得は、自分だけ裏切ったときの利得が最大であり、その次に両者が協調したときの利得、三番目に両者が裏切ったときの利得、そして最後に相手が裏切って自分が協調したときの利得、という順番になります。またこれは、一回限りのゲームではなく、何回かゲームを繰り返したときに、二人のプレーヤーが「裏切り」と「協調」の戦略を別々かつ交互に繰り返しても、プレーヤーの一回あたりの平均利得が「協調・協調」の戦略による利得を上回らないための条件となります。

ケース1（38ページ）のZ国における自動車メーカーA社とB社も、囚人のジレンマのケースになっています。

A社とB社がともにファミリー向けセダンの販売基準価格を据え置いた場合の利得（五〇〇億円－五〇〇億円）は、両社の支配戦略の組み合わせとなる「販売価格の一〇％引き下げ－販売の一〇％価格引き下げ」の戦略の利得（四〇〇億円－四〇〇億円）よりも大き

自動車メーカーA社とB社の利得行列

A社の戦略＼B社の戦略	販売基準価格据え置き	販売基準価格の引き下げ
販売基準価格据え置き	500億円、500億円 ②	200億円、700億円 ④
販売基準価格引き下げ	700億円、200億円 ①	400億円、400億円 ③

※左側がA社の利得、右側がB社の利得

・A社にとっては販売基準価格の引き下げが支配戦略
・B社にとっても販売基準価格の引き下げが支配戦略

→ 両社が販売基準価格を引き下げることによってお互い400億円の利得となる

A社にとっての最適解から順に並べると①→②→③→④となる。ただし、裏切られるリスクが存在する。

くなります。つまり、両社が話し合いなどによって販売価格を維持すれば、両社にとってよりよい状態となるわけです。

ここで好ましい利得の順番は、①自分だけ裏切ったとき（価格引き下げ）の利得である七〇〇億円→②両者が協調したとき（価格据え置き）の利得である五〇〇億円→③両者が裏切ったときの利得である四〇〇億円→④相手が裏切って自分が協調したときの利得である二〇〇億円になります。また、両社が協調したときの利得五〇〇億円は、両社が「裏切り」と「協調」の戦略を別々かつ交互に繰り返したときの一社あたりの平均利得である四五〇億円よりも多いことになり、囚人のジレンマの条件を満たしています。

2-7 囚人のジレンマ③ ～裏切りのインセンティブ～

改めて、囚人のジレンマのポイントを考えてみましょう。

お互いに「自白しない」という約束を果たせば、単純に考えて最適な選択肢を選んだことになりますが、実際にはお互いがそれぞれの三番目の選択肢である「自白をする」という答えを選んでしまうことが多々あります。このように、必ずしもお互い（またはグループ）にとって最大の利益にはならない意思決定を個人の判断でしてしまうことが非常に多いのです。つまり、個人が自分の安全のみを考えて行動すると、グループとしては望ましくない結果になりますが、それにもかかわらず実際は自分の安全のみを考え、グループとしてはベストではない意思決定をするインセンティブが働いてしまうということです。

では、同様の例にはどのようなものがあるでしょうか。

たとえば、敵対するA国とB国が秘密裏に核開発を進めるケースにも、このインセンティブが見られます。どちらも双方が核を持った場合は自国が攻撃される危険があることをよ

A国とB国の利得行列

A国＼B国	核保有	核放棄
核保有	△、△	◎、×
核放棄	×、◎	○、○

※左側がA国の利得、右側がB国の利得

A国にとって核保有が支配戦略
B国にとっても核保有が支配戦略

く知っている一方で、双方が核開発の放棄を宣言して実行すれば、お互いの国を滅ぼすリスクを回避するというメリットが出てくることも知っています。しかし、実際には万が一（敵が核を持ち、攻撃してくるリスク回避）のために、核開発し続けるのです。つまり、自国だけが核開発の放棄を宣言して他国が核を持ち続けた場合、結局自国だけが損する可能性が高いため、やはり裏切ってしまうというわけです。

このように、自分だけ裏切れば得するという状況は多々あります。このような状況では全員が裏切るインセンティブを持ち、そして実際に裏切ってしまうため、全体的に見ると損な結果を生むことになります。

2-8 囚人のジレンマ④ 〜社内政治〜

では、前で述べた支配戦略のケースをより身近な例で見ていきましょう。

たとえば、企業内での昇進レースにおけるライバル間での主権（派閥）争いなどの社内政治も、支配戦略の例になります。本当に公平な競争であり、かつ自分に自信があれば「正々堂々と実力で評価をしてもらって結構」と平然と構えていることができます。しかし、いくら正々堂々と勝負をしようとしても、実際には怪文書や上司・同僚などへのライバル批判、そして少しでも優位に勝負を進めるための相手へのネガティブキャンペーンによる支持者集め（自分への派閥入り）などを進めるインセンティブが働きます。なぜでしょうか？

それは、「公平な評価でいけば、必ずA氏もB氏もそれぞれ自分が昇進者に選ばれる」と思われる状況であっても、「相手が自分に関するあらぬ情報を流したり、事実を曲げて伝えたりして不公平な競争になった場合は負けるかもしれない」と考えて悩むからです。

その状況は、次の四パターンになります。

A氏とB氏の支配戦略

B氏の戦略 / A氏の戦略	正々堂々勝負	社内政治を使う
正々堂々勝負	○、○	×、◎
社内政治を使う	◎、×	△、△

※左側がA氏の利得、右側がB氏の利得

A氏にとって社内政治を使うことが支配戦略
B氏にとっても社内政治を使うことが支配戦略

①両者が正々堂々と評価を受ける
②A氏だけが、B氏に不利になる情報を流す
③B氏だけが、A氏に不利になる情報を流す
④A氏、B氏お互いが不利になるような情報を流す（両者の絶対的な評価は下がる）

当然、お互いに派閥争いをすることが、お互いを傷つけるということは知っています。

しかし、いくら自分が正々堂々と勝ちたいと思っていても、「ひょっとしたら相手が自分の不利になるような手段を使うかもしれない。そうなったら自分は負けるかもしれない」というオプションがあれば、「自分もとりあえず相手の不利になるような情報を流して、少しでも出し抜こう」という社内政治のインセンティブが働いてしまうのです。

2-9 囚人のジレンマ⑤
～日本経済における囚人のジレンマ〈その1〉～

ここでは、ビジネスにおける囚人のジレンマについて見ていきましょう。

「囚人のジレンマ」は単なるモデルであって、現実には起こり得ないという印象を持たれがちですが、現実の世界において該当するケースは非常に多いのです。とくに最近の日本では、囚人のジレンマがデフレを加速させてしまっているといえる部分があります。

【ケース4】

東京・渋谷駅から徒歩一分ほどのところに店を構える牛丼専門店Y家とM屋は、それぞれ牛丼の並を四〇〇円で販売していました。日本経済がなかなか回復しない中、某大手ハンバーガーチェーンがハンバーガーの売値を半額にしたこともあって、ファーストフード業界には強いプレッシャーがかかっています。現在の両社は次のような状態にあります。

①両社が現在の四〇〇円という価格を保てば、年間の売上はともに四億円になる

②どちらか一方が三五〇円に値下げした場合、値下げしたほうの売上は五億円、値下げし

Y家とM屋の利得行列①

M屋の戦略 / Y家の戦略	価格据え置き	値下げ
価格据え置き	4億円、4億円	1億円、5億円
値下げ	5億円、1億円	2億円、2億円

※左側がY家の利得、右側がM屋の利得

なかったほうの売上は一億円になる
③両社ともに三五〇円に値下げした場合は、ともに売上は二億円になる
あなたがY家の社長ならば、どういう戦略をとりますか？

まさしく、これは囚人のジレンマです。

相手が値下げしようとしまいと、あなた（Y家）にとっては値下げをしたほうが利得は多くなります。つまり、「値下げ」が支配戦略になるのです。そのため、あなたは値下げをします。しかし、あなたの値下げに対し、M屋の社長はさらなる値下げをして対抗するはずです。このように、お互いが自分の得になるように行動すると、行き着くところは両者損の状態に陥ってしまうわけです。

2-10 囚人のジレンマ⑥
～日本経済における囚人のジレンマ〈その2〉～

ケース4のような事態で恐ろしいのは、お互いに三五〇円に値下げしたところでは終わらないことです。たとえば、両社の現在利得が図のような状態だとすると、ここからさらに下がり続ける可能性があるのです。

このケースでは、相手より値下げし遅れると売上を失う恐れがあるため、相手に値下げするつもりがなくても、「値下げするかもしれない」という恐れから値下げをしてしまうことがあります。それにより相手も値下げせざるを得なくなり、その繰り返しによって両社とも泥沼に陥ってしまう可能性があるのです。現在、このような囚人のジレンマによる価格競争は多くの業界で起こっています。

では、価格競争が囚人のジレンマになってしまうのを防ぐためにはどうすればよいのでしょうか？　それにはまず、相手が裏切らないようにすることが重要です。面白い方法としては、利得行列を書き換えてしまい、裏切ったところでまったく得をしないようにする

Y家とM屋の利得行列②

M屋の戦略 / Y家の戦略	価格据え置き	値下げ
価格据え置き	2億円、2億円	0億円、3億円
値下げ	3億円、0億円	1億円、1億円

※左側がY家の利得、右側がM屋の利得

という手があります。

よく家電のディスカウントストアに「当店価格より一円でも安い店があれば、当店もその値段にします」というような謳い文句がありますが、この戦略には他店が「裏切って」価格を下げないようにする効果があります。

もし、他店が価格を下げれば、自動的にその店の価格も下がります。両店が同価格であるならば、消費者はポイントカードを持っている店、つまりいつも行っている店で買うことを選択します。結局、「裏切って」値段を下げた店は思うように顧客を集めることはできず、しかも値下げした分売上も減るため、せっかく裏切って値段を下げた意味がなくなってしまうのです。

COLUMN

入会地の悲劇とフリーライダー

COLUMN

ゲーム理論の有名なテーマの一つに「入会地（共有地）の悲劇」というものがあります。日本にも江戸時代までは「入会地」と呼ばれるものがありました。そこに生えている木を切って利用することや落ち葉を肥料に使うこと、木の実を取って食べることは村人すべての権利であり、誰でも自由に行うことができました。

しかし、ここで村人全員が利己的な行動をすると大変なことになってしまいます。たとえば、入会地の木は「タダ」だからといって、みんなが一斉に欲しいだけ取り始めたら入会地の自然の調和が崩れ、最終的には入会地で木を切ることができなくなってしまいます。一人ひとりにとっては入会地の自然を最大限に利用することによって利益がどんどん上がっていきますが、全員がそれをしてしまうと村全体の利益は下がっていってしまうのです。

「入会地の悲劇」とは、この例のように、マイナスが直接自分に返ってこないために「自分さえよければいい」という行動が起こり、社会全体にとって大きなマイナスとなってしまうことです。

これは環境問題でよく取り上げられるケースです。自分が空気を汚しても直接自分にマイナ

フリーライダーの例

フリーライダー

みんなに等しく無料で提供されているものには誰もお金を払わない。とくに公共財が関連するところで発生

たとえば……

NHK受信料の未払い

本来NHKの放送は無料で提供されているわけではないが、アンテナさえあれば誰もが無料で視聴できるため、なかなかその料金を払うインセンティブが湧いてこない

ゴミ処理問題

国民のほとんどが通常のゴミは無料で処理してもらえるため、ゴミを減らそうという動機が湧きにくい。たとえ、ゴミが処理しきれなくなるというゴミ問題が発生しても、それに必要な金を誰も負担しようとしない

スとして跳ね返ってくることはほとんどないため、大気汚染を抑制する動機がなくなり、大気汚染が進んでしまうわけです。

そのほかには、ゴミ処理問題やNHKの受信料の支払いなども、同様の例といえるでしょう。たとえば、NHKの放送は無料で提供されているわけではありませんが、アンテナさえあれば誰もが無料で視聴できます。そのため、なかなか料金を払うインセンティブが湧いてこないわけです。

なお、このように「ただ乗りする人」のことを「フリーライダー（Free rider）」といいます。

2-11 ナッシュ均衡①

相手のプレーヤーがある戦略をとるとき、それに対して、自分にとって最も得になる戦略を選択することを「相手の戦略に対する**最適反応**（Best response）」といいます。そして、お互いの戦略が相手のプレーヤーの戦略に対する最適反応になっている戦略の組み合わせを**ナッシュ均衡**といいます。

【ケース5】

ある国の缶入りコーヒー飲料市場には、C社とD社という有名なメーカー二社があります。両社は新しい缶入り飲料の商品化を独自に計画しており、その戦略は、ともに「牛乳と砂糖を加えたカフェオレ・タイプと、苦味を抑えた飲みやすい無糖コーヒーの商品化」の二つに絞られています。その際に予想される獲得市場シェアは次のとおりです。

①C社とD社がともにカフェオレ・タイプを商品化…C社：四〇％、D社：二〇％
②C社がカフェオレ・タイプ、D社が無糖タイプを商品化…C社：五〇％、D社：三〇％

C社とD社の利得行列とナッシュ均衡

D社の商品化タイプ ＼ C社の商品化タイプ	カフェオレ	無　糖
カフェオレ	40%、20%	50%、30%
無　糖	30%、10%	25%、25%

← ナッシュ均衡（通常は1つとは限らない）

※左側がC社の獲得市場シェア、右側がD社の獲得市場シェア

③C社が無糖タイプ、D社がカフェオレ・タイプを商品化…C社：三〇%、D社：一〇%
④両社がともに無糖タイプを商品化…C社：二五%、D社：二五%

まず、D社のカフェオレ・タイプと無糖タイプの商品化に対するC社の最適反応は、それぞれ「カフェオレ・タイプの商品化」です。一方、C社のカフェオレ・タイプと無糖タイプの商品化に対するD社の最適反応は、それぞれ「無糖タイプの商品化」です。

C社とD社それぞれの最適反応になっている戦略の組み合わせは、②のC社のカフェオレ・タイプの商品化とD社の無糖タイプ商品化になります。そしてこれが「ナッシュ均衡」となります。

2-12 ナッシュ均衡②

前項のケース5においては、カフェオレ・タイプの商品化がC社の支配戦略であり、無糖タイプの商品化がD社の支配戦略となっていました。そして、ナッシュ均衡はC社とD社の支配戦略となっていました。

このように、二人のプレーヤーにおける支配戦略の組は**狭義のナッシュ均衡**となります。狭義のナッシュ均衡とは、ナッシュ均衡を構成する各戦略が、相手プレーヤーの戦略に対する唯一の最適反応（相手の戦略に応じて、自分の利得が最大となる行動を選ぶこと）になるものをいいます。

また、44ページのケース2のように、あるプレーヤーが弱支配戦略を持つときにはナッシュ均衡が一つとは限らず、複数存在することが考えられます。

ケース2では、自動車メーカーのB社の「販売基準価格の据え置き」に対するA社の最適反応は「価格の一〇%引き下げ」となり、B社の「販売基準価格の一〇%引き下げ」に

A社とB社の利得行列とナッシュ均衡

A社の戦略＼B社の戦略	販売基準価格据え置き	販売基準価格引き下げ
販売基準価格据え置き	500億円、500億円	400億円、700億円
販売基準価格引き下げ	700億円、600億円	400億円、400億円

※左側がA社の利得、右側がB社の利得

ナッシュ均衡が2つ

ケース2には2つのナッシュ均衡があるが、実際の行動を考えた場合、「A社の価格引き下げ-B社の価格据え置き」に落ち着くことが考えられる。なぜなら、B社が価格を据え置いた場合、A社は価格を引き下げることによって700億円の利益を得ることができるが、B社が価格を引き下げた場合、A社は価格を据え置いても引き下げても同じ400億円の利得となるからである。そうなると、A社はどちらにしても「価格引き下げ」という戦略をとることになり、その戦略に応じてB社も自社の利得を考えて「価格据え置き」という戦略をとることが考えられる。

対するA社の最適反応は「価格の据え置き」と「価格の一〇％引き下げ」の両方になります。ここでは、A社の「販売基準価格の一〇％引き下げ」は弱支配戦略になります。

一方、A社の「販売基準価格の一〇％引き下げ」に対するB社の最適反応は「価格の据え置き」であり、A社の「販売基準価格の据え置き」に対するB社の最適反応は「価格の一〇％引き下げ」です。したがって、A社とB社の最適の組となるナッシュ均衡は「価格の一〇％引き下げ－価格の据え置き」、または「価格の据え置き－価格の一〇％引き下げ」の二つになります。

2-13 男女の争い①

男女の争い（Battle of Sexes）は代表的なゲームであり、複数のナッシュ均衡戦略が存在するケースとして知られています。

【ケース6】

A君とBさんは交際を始めて一年です。電話で話をして、翌日、野球かミュージカルを観に行くことになりました。A君は学生時代、野球部に所属するなど大の野球好き、Bさんは昔ダンサーを目指したこともあってミュージカルが大好きです。二人はお互い譲らずに、とうとう翌日どこに行くのかを決めることができないまま電話を切りました。A君はBさんと野球観戦をしたいと考えていますが、一人で行くことは望んでいません。BさんもA君とミュージカル鑑賞をしたいと考えていますが、一人で観ることは望んでいません。

この場合、A君とBさん（A君－Bさん）の利得は、二人で一緒に野球観戦をした場合は「一〇－五」、二人で一緒にミュージカル鑑賞をした場合は「五－一〇」になります。一

A君とBさんの利得行列とナッシュ均衡

A君の選択＼Bさんの選択	野球観戦	ミュージカル鑑賞
野球観戦	10、5	0、0
ミュージカル鑑賞	0、0	5、10

※左側がA君の利得、右側がBさんの利得

A君にとって…

・Bさんが野球観戦を選んだ場合→野球観戦を選ぶことが最適反応戦略
・Bさんがミュージカル鑑賞を選んだ場合→ミュージカル鑑賞を選ぶことが最適反応戦略

Bさんにとって…

・A君が野球観戦を選んだ場合→野球観戦を選ぶことが最適反応戦略
・A君がミュージカル鑑賞を選んだ場合→ミュージカル鑑賞を選ぶことが最適反応戦略

↓

両者にとって、同じ選択をすることが最適反応戦略＝ナッシュ均衡

方、A君が一人で野球を観てBさんが一人でミュージカルを観た場合と、A君が一人でミュージカルを観てBさんが一人で野球を観た場合の利得は、それぞれ「0－0」となります。

このケースで、Bさんが野球観戦を選択するときのA君の最適反応は野球観戦、BさんがミュージカルЛ鑑賞を選択するときのA君の最適反応はミュージカル鑑賞です。また、A君が野球観戦を選択するときのBさんの最適反応は野球観戦、A君がミュージカル鑑賞を選択するときのBさんの最適反応はミュージカル鑑賞です。したがって、「野球観戦－野球観戦」と「ミュージカル鑑賞－ミュージカル鑑賞」がナッシュ均衡になります。

2-14 男女の争い②

非協力的な関係において相手が行動を変化させないとした場合、自分も動くことはないというバランスの保てる均衡状態を**ナッシュ均衡**ということは前述しました。それに対して、協力的な関係で双方にとってこれ以上の利得を上げることができない地点を**パレート最適**といいます。これは、現状が最適なバランス状態であり、あるプレーヤーの利得を改善するためには他のプレーヤーの利得を犠牲にしなければならない状態のことです。

ケース6において、「野球観戦－野球観戦」と「ミュージカル鑑賞－ミュージカル鑑賞」におけるナッシュ均衡はパレート最適となります。A君とBさんがともに野球を観に行くことに対して、二人でミュージカルを観に行くことによってBさんの利得は五から一〇に高まりますが、A君の利得は一〇から五に下がります。また、A君とBさんがともにミュージカルを観に行くことに対して、二人で野球を観に行くことによってA君の利得は五から一〇に高まりますが、Bさんの利得は一〇から五に下がります。

パレート最適

■男女の争い

A君の選択＼Bさんの選択	野球観戦	ミュージカル鑑賞
野球観戦	10、5	0、0
ミュージカル鑑賞	0、0	5、10

ナッシュ均衡＝パレート最適

※左側がA君の利得、右側がBさんの利得

■囚人のジレンマ

容疑者Xの選択＼容疑者Yの選択	黙　秘	自　白
黙　秘	懲役2年、懲役2年	懲役20年、懲役1年
自　白	懲役1年、懲役20年	懲役5年、懲役5年

2人にとって最もよい選択

ナッシュ均衡

※左側が容疑者Xの利得、右側が容疑者Yの利得

X、Yともに自白することが支配戦略となっている→「自白-自白」がナッシュ均衡

↓

しかし、本当はお互い黙秘することが一番よい

↓

「自白-自白」のナッシュ均衡はパレート最適ではない

これに対し、54ページのケース3で挙げた囚人のジレンマにおけるナッシュ均衡は、パレート最適ではありません。容疑者二人の支配戦略の組でありナッシュ均衡である「自白－自白」という戦略は、パレート最適ではないのです。なぜなら、二人の容疑者がともに黙秘する場合の利得（懲役二年－懲役二年）という戦略の組は、「自白－自白」の場合の利得（懲役五年－懲役五年）よりも優位にあり、どちらの利得も犠牲にすることなく、両者が利得を高めることができるからです。

2-15 男女の争い③

ほかの例も見てみましょう。

【ケース7】

H社とI社は全国でスーパーマーケットをチェーン展開しています。価格やサービス競争の激化から両社の間では業務提携が進んでおり、仕入れや販売における協力と情報の共有化のために新しいシステムを導入することになりました。H社はそれまでA社のシステムを使っていたため、A社の最新システムを導入することによって諸々の導入コストを抑えることができます。一方、I社はB社のシステムを使っていたため、B社の新型システムの導入によって諸々の導入コストを抑えることができます。

H社とI社がともにA社システムを導入した場合、五年間でH社に一〇〇億円、I社に五〇億円の増益効果があると予想されます。また、両社ともにB社のシステムを導入した場合は、五年間でH社に五〇億円、I社に一〇〇億円の増益効果が期待されます。さらに

H社とI社の利得行列とナッシュ均衡（パレート最適）

I社の導入システム ／ H社の導入システム	A社のシステム	B社のシステム
A社のシステム	100億円、50億円	20億円、20億円
B社のシステム	10億円、10億円	50億円、100億円

※左側がH社の利得
右側がI社の利得

ナッシュ均衡＝パレート最適

「A-A」「B-B」以外で全体が最適となる組み合わせがない

H社がA社システム、I社がB社システムを導入した場合は、A社とB社ともに五年間で二〇億円の増益効果が期待できます。そしてH社がB社システム、I社がA社システムを導入した場合は、A社とB社はともに五年間で一〇億円の増益効果が期待できます。なお、A社とB社は別々に意思決定しなければなりません。

このケースも72ページのケース6と同じ形になります。両社がともにA社のシステムを導入する場合と、両社がともにB社のシステムを導入する場合がナッシュ均衡になるのです。そして、これら二つのナッシュ均衡はパレート最適となります。

第3章
同時進行ゲームⅡ

3-1 いかに損を最小限にとどめるか①

入学試験の鉄則とは、「苦手科目をつくらない」ことです。たとえば、二人の受験生A君とB君が成績を争っていたとしましょう。現在の成績は、A（数学八九点、英語九二点、国語三一点）、B（数学六八点、英語七四点、国語七二点）のようになっています。

この二人のうち、受験で勝つ可能性が高いのはBです。Aは自分の得意科目では相手に勝っていますが、苦手科目で大きく負けています。逆にBは、科目ごとの勝敗にはこだわっておらず、全体的に見て大きな負けがありません。つまり、Bは苦手科目の勉強を強化して、科目ごとの点差が開かないことに主眼を置いたわけです。受験において科目ごとの足切りがあるような場合は、Bのような戦略をとったほうが有利なことが多いものです。

このように、「勝つ」よりも「いかに負けを少なくするか」が大切な局面は多々あります。そして、そのように行動することを**ミニマックス戦略**（Mini-max strategy）といいます。

では、ミニマックス戦略について説明するために、簡単なゲームをしてみましょう。

Aの利得

Bの戦略 / Aの戦略	B1	B2	B3
A1	3	0	−2
A2	−1	−3	0
A3	2	2	1

注1）表の数字はBからAに支払われるポイント
注2）表の数字に－（マイナス）をつけたものがBの利得になる

【ケース8】

AとBの二人はそれぞれ「1」「2」「3」と書かれたカードを各一枚ずつ、計三枚持っています。二人はその中から一枚選んで合図とともに出すのですが、その組み合わせによって、一方がもう一方に決められたポイントを支払わなければなりません。なお、上の表はAがBからもらえるポイントを示しています。たとえば、A1とB1が交わるところの「3」は、AとBがともに「1」のカードを出した場合、BはAに3ポイント支払わなければならないということを表しています。

カードの組み合わせによるポイントをAとBの両者が知っているとき、二人はそれぞれどのカードを選ぶでしょうか？

3-2 いかに損を最小限にとどめるか②

前項のケース8において、まずAの立場から考えていきましょう。

大切なのは「いかに負けを少なくするか」であるため、自分（A）が1のカードを出したとき、2のカードを出したとき、3のカードを出したときのそれぞれの最低ポイントを考えます。前ページの表によると、Aが1を出した場合はマイナス2ポイント、2を出した場合はマイナス3ポイント、3を出した場合は1ポイントが最低ポイントになります。そして、この三つの中で最も損害の少ないもの、つまり一番マシなのは1ポイントであるため、Aは3のカードを選ぶことになります。

一方、Bの立場から見れば、前ページの表の数値は自分がAに対して支払わなければならないポイントです。そのため、Aのポイント数が高くなればなるほど、自分にとっては損になります。よって、「いかに負けを少なくするか」を考えるためには、まず1、2、3それぞれのカードを出したときに、最も数字が大きい（つまり、Aに支払う額が大きい）

いかに損を最小限にとどめるか

Bの戦略 / Aの戦略	B1	B2	B3	Aにとっての最小利得
A1	3	0	−2	−2
A2	−1	−3	0	−3
A3	2	2	1	1

↓

Bの戦略 / Aの戦略	B1	B2	B3	Aにとっての最小利得
A1	3	0	−2	−2
A2	−1	−3	0	−3
A3	2	2	1	1
Bにとっての最大損失	3	2	1	

Aはこの中で最もマシなものを選ぶ
॥
「最悪の中で最善のもの」

Bはこの中で最も小さいものを選ぶ

ものを選べばよいことになります。

具体的には、1を出した場合の3ポイント、2を出した場合の2ポイント、3を出した場合の1ポイントがBの最大損失となり、そのうち、最も小さいのは3を出したときの1ポイントです。よって、Bは3のカードを選ぶことになります。

結果としてAとBの双方が3のカードを出し、BからAに1ポイントが支払われることになります。このとき両者の「3のカードを出す」という戦略はお互いにとって最適なものであり、一方がこれ以外の戦略をとっても損をするだけです。つまり、この「3－3」という組み合わせはナッシュ均衡になっているわけです。

3-3 ミニマックス定理①　〜ミニマックス戦略〈その1〉〜

ビジネススクールではよく、理論だけでなく数多くの実際の事例を用いたケーススタディを授業に取り入れて、意思決定のパターンとその結果について疑似体験をします。

もちろん、ケーススタディの実効性に異を唱える人も一部には存在します。その主旨は、「この複雑なビジネス環境の中で同じような状況は二度と起こらないのだから、過去のケースを学んで次の意思決定に活かそうとするのはムダ」というものです。しかしながら、この意見に対する反論もあります。それは「ケーススタディは過去の成功事例を真似して成功させようとするためのものではない。多くの失敗事例やその場面場面で考え得る意思決定のあらゆるパターンをシミュレーションする視点を持つことによって、いかに落とし穴にはまらずに、失敗しない意思決定ができるかということに焦点を当てている。つまり、成功するための勉強ではなく、失敗しないための勉強である」というものです。

ゲーム理論では、この「失敗しないための意思決定」「自分の損失を最小限にとどめるた

ミニマックス戦略とは

✖どうすれば勝てるか
◎どうすれば負けないか（損失を最小にできるか）

ミニマックス定理の前提
＝
ゼロサムゲームの状態

※ナッシュ均衡が見られる非ゼロサムゲームでは、プレーヤーの利害が一致することもあるが、ゼロサムゲームの場合はトレードオフ（二律背反）の状態である

めの意思決定」を**ミニマックス戦略**（Mini-max strategy）といいます。それに対して、「相手の利得を最小化させるための意思決定」を**マックスミニ戦略**（Max-mini strategy）といいます。ミニマックス戦略とマックスミニ戦略は裏返しの戦略であるため、常に同じ値をもたらします（**ミニマックス定理**）。

ミニマックス定理を使う前提は、損する者がいれば得する者もいて、かつ全体の総和がゼロになる、という「ゼロサムゲーム」の状態です。このゼロサムゲームの状況は日常でもあらゆるところで見られます。たとえば株式市場の上下による損得も、スポーツの勝ち負けもこれにあてはまります。

3-4 ミニマックス定理② 〜ミニマックス戦略〈その2〉〜

【ケース9】

E国の通信市場はS社とT社によって二分されています。S社とT社は、E国国内のインターネット市場でADSLサービスまたは光サービスによる事業展開を検討しています。

S社、T社がともにADSLサービスに注力した場合、S社は市場シェアを一五%失い、T社は市場シェアを一五%拡大すると予想されます。S社がADSL事業を進めてT社が光事業を進めた場合、S社は市場シェアを二〇%拡大して、T社は市場シェアを二〇%失うと予想されます。また、S社が光事業を展開してT社がADSL事業を展開した場合、S社は市場シェアを五%拡大して、T社は市場シェアを五%失うと予想されます。S社とT社がともに光事業を推進した場合は、両社の市場シェアは変わらないと予想されます。


まず、S社の選択可能な戦略における最小の利得を比べましょう。S社がADSL事業を展開した場合の最小の利得は、T社がADSL事業を展開したときのマイナス一五%で

S社とT社の利得行列およびS社のミニマックス戦略

S社の事業展開＼T社の事業展開	ADSL	光通信
ADSL	−15%、15%	20%、−20%
光通信	5%、−5%	0%、0%

※左側がS社の利得、右側がT社の利得

S社にとって、T社の事業展開の方向による最小の利得(最大の損失)は…

・T社がADSLを選択したときに、ADSLを選択した場合(−15%)
・T社が光通信を選択したときに、光通信を選択した場合(0%)

↓

最悪の状態でも光通信を選択したほうがリスクが少ない(シェアが変わらない)

↓

S社にとってのミニマックス戦略＝**光通信**

す。また、S社が光サービス事業を展開した場合の最小の利得は、T社が光サービス事業を展開したときの○%です。したがって、S社のミニマックス戦略は光サービス事業の展開（○%＞マイナス一五%）になります。

次に、T社の選択可能な戦略における最小の利得を比べましょう。T社がADSL事業を展開した場合の最小の利得は、S社が光サービス事業を展開したときのマイナス五%です。また、T社が光サービス事業を展開した場合の最小の利得は、S社がADSL事業を展開したときのマイナス二〇%です。したがって、T社のミニマックス戦略はADSL事業の展開（マイナス五%＞マイナス二〇%）になります。

3-5 ミニマックス定理③ ～ゼロサムゲーム・定和ゲーム・非定和ゲーム～

前述のとおり、ゼロサムゲームにおいてプレーヤーの最大の利得と最小の利得は、相手のプレーヤーにおける最小の利得と最大の利得にそれぞれ対応します（プレーヤーの利得の和が必ずゼロになる）。そして、相手の戦略における最大の利得を最小化する戦略（自分の最大の損失を最小にしようとする戦略）を「ミニマックス戦略」といいます。

では、ケース9におけるミニマックス戦略を再度考えてみましょう。S社がADSL事業を展開した場合の利得の最小値は、T社がADSL事業を展開した場合のマイナス一五％です。また、S社が光事業を展開した場合の利得の最小値は、T社が光事業を展開した場合の〇％です。したがってS社のミニマックス戦略は光事業の展開であり、ミニマックス値は〇％です。一方で、T社がADSL事業を展開したときのS社の利得最大値は、S社が光事業を展開したときの五％です。また、T社が光事業を展開した場合のS社の利得最大値は、S社がADSL事業を展開した場合の二〇％です。したがってT社のミニマッ

ゼロサムゲーム・定和ゲーム・非定和ゲーム

ゼロサムゲーム

プレーヤーの利得の和が常にゼロになるゲーム
（決まったパイがある）

（数学者フォン・ノイマンによって証明されたマックスミニ定理によれば、2人ゼロサムゲーム（37ページ参照）において、混合戦略（99ページ参照）まで考えれば、マックスミニ値とミニマックス値は等しくなる）

定和ゲーム

プレーヤーの利得の和が常に一定になるゲーム

非定和ゲーム

プレーヤーの利得の和が常に一定にならないゲーム

クス戦略はＡＤＳＬ事業の展開であり、同社のミニマックス値はマイナス五％です。

プレーヤーの利得の和が一定の値になるゲームを**定和ゲーム**といい、プレーヤーの利得の和が一定にならないゲームを**非定和ゲーム**といいます。なお、定和ゲームとゼロサムゲームの数学的な構造は同じです。

ゼロサムゲームや定和ゲームにおいて相手の利得を引き下げることは、自分の利得をその分引き上げることになるため、ミニマックス戦略によってナッシュ均衡が実現されるのです。しかし、非定和ゲームにおいては相手の利得と自分の利得の間に相互補完の関係がないため、ミニマックス戦略によってナッシュ均衡が実現されるとは限りません。

3-6 ミニマックス定理④ 〜ミニマックス戦略の考え方〜

ミニマックス戦略の重要性は、相手も合理的な考えで戦略を打ち出してくるため、自分が最大の利益を獲得できる（相手が最大の損失を出す）ことは現実的には少ないということです。つまり、ミニマックス戦略は「現実的に考えて自分が獲得でき得るセカンドベスト（次善策）を選ぶ戦略」といえます。

ところで、ミニマックス戦略が適当でないケースもあります。基本的には、非ゼロサムゲームの場合がそうです。

たとえば、見込み客に対する営業活動などもそのケースに入るでしょう。具体的に説明すると、営業側である自分と営業先である顧客候補との間柄は契約をとれるかとれないかの関係です。しかし、自分にとって見れば①営業して断られる、②断られるリスクがあるため営業しない、という二つの選択肢があります。この場合は、相当迷惑な営業方法でない限り、営業して断られたとしても、自分としてはそれほど大きな損失はありません。逆

ミニマックス戦略が適当でないケース

ミニマックス戦略が適当でないケース＝非ゼロサムゲーム

自分（営業側）＼営業先（顧客側）	取り引き（営業）する	取り引き（営業）しない
取り引き（営業）する	＋1（○）	0（○）
取り引き（営業）しない	−1（×）	−1（×）

機会損失

- 宝くじは買わないと当たらない
- 届かないパターンは入らない

これらもミニマックス戦略が適当でないケース

に断ったほうとしても、営業してきた者に対して法的手段に訴えたりネガティブキャンペーンを行ったりするということは考えられないでしょう。つまり、「断られても断られなくとも営業したほうがよい」という支配戦略と同じ状態といえるのです。

このように、ゲーム理論ではさまざまな理論や定理が存在しています。そのため、その理論が基本とする前提と状況を把握しなければ適切な意思決定ができないことが多々あります。したがって、常にゲーム理論の体系を把握し、幹の部分と枝葉の部分、そしてその背景を考えながら注意深く考察することが重要となります。

3-7 ミニマックス定理⑤ ～ミニマックス戦略とナッシュ均衡～

ゲーム理論の創始者であるフォン・ノイマンに続くゲーム理論の大家としてナッシュ均衡をつくったのがジョン・F・ナッシュです。ナッシュは「非協力的なゲーム理論」の発展に貢献したとして、一九九四年度ノーベル経済学賞を受賞しています。

ナッシュがノイマンやモルゲンシュテルン（ともにゲーム理論の創始者）と異なる理論を展開したのは、すべてのプレーヤーにおいて連携が許されないという**非協力ゲーム**(Non cooperative games)を前提としたものでした。ノイマンとモルゲンシュテルンの理論では、三者以上のプレーヤーによるゲームにおいて、全プレーヤーのうちのすべてではない複数のプレーヤーが互いに協力することによって状況を有利に展開しようとするという**協力ゲーム**(Cooperative games）が中心だったのです。

ノイマンが扱った理論で非協力ゲームである唯一のものは、「二人ゼロサムゲーム」です。

たとえば、一〇〇万円の賞金を二人で取り合うといったゲームにおいて、一方の利得が他

非協力ゲームの均衡点

ゼロサムゲーム
ミニマックス解

非ゼロサムゲーム
ナッシュ均衡点

方の損失であるミニマックス定理は当然のことながら協力の余地などはないため、非協力ゲームとなります。

　一方、ナッシュは、非協力ゲームに対する解として「均衡点」を強調し、二人非ゼロサムゲームにも均衡解が存在することを示しました。つまり、双方の利益が必ずしも完全に対立していないような状況においては、二人ゼロサムゲームよりも簡単に合理的な解が見つかることがある、としたのです。ゼロサムゲームのミニマックス解が均衡点であることはすでに理解されていましたが、ナッシュの証明は、非ゼロサムゲームにも均衡点が存在することを示したのです。

3-8 サッカーで見るミニマックス戦略①

86ページのケース9では、ミニマックス戦略の使い方について述べました。では、次のようなケースについて考えてみましょう。

【ケース10】

二〇××年のワールドカップ決勝戦。日本対ブラジル戦では、前半二三分にロベルト・カルロスの強烈なミドルシュートが入り、日本はブラジルに先制されてしまいました。日本代表も果敢に攻めますが、なかなかブラジルゴールを割ることができません。しかし、キーパー楢崎もスーパーセーブを連発し、ブラジルに二点目を与えません。そして、ついにゲームはロスタイムに入り、残り時間も一分を切ったとき、日本代表は中村のコーナーキックを大久保が執念で頭で合わせ、延長戦に持ち込みます。

延長戦は両チーム一進一退のシーソーゲームになりますが、結局、両チームとも得点をあげることができず、二〇××年のワールドカップの王者はＰＫ（ペナルティキック）に

日本代表のシュート成功率①

ブラジル／日本	左コーナー	右コーナー
左コーナー	40%	80%
右コーナー	90%	10%

よって決めることになりました。
まず、日本代表がシュートした場合の成功率は次のようになるとします。
①キッカーが左コーナーを狙い、キーパーが左にくると読んでいた場合→四〇%
②キッカーが右コーナーを狙い、キーパーが左にくると読んでいた場合→九〇%
③キッカーが左コーナーを狙い、キーパーが右にくると読んでいた場合→八〇%
④キッカーが右コーナーを狙い、キーパーが右にくると読んでいた場合→一〇%
このような状態において、キッカーとキーパーはそれぞれ左右どちらを選べばよいでしょうか？

3-9 サッカーで見るミニマックス戦略②

前述のとおり、ミニマックス戦略ではまず一方（日本代表）の立場から利得の中で最低になるものをそれぞれのケースで選び、その中から最高のものを選びます。そして、次にもう一方（ブラジル代表）の立場で損失の中で最も大きいものをそれぞれのケースで選び、その中から最も損失の少ないものを選べばよいわけです。

ケース10を日本の立場から考えると、左コーナーを狙った場合におけるシュートが決まる確率の最小値四〇％と、右を狙った場合における最小値一〇％を比べることになります。そしてこの場合は、左を狙った（選ぶ）ほうがよさそうです。一方、ブラジルの立場で考えれば、シュートが左にくると読んだときは九〇％、右にくると読んだときは八〇％の確率でシュートを決められてしまうため、より損失の少ない右狙いを選ぶべきでしょう。

では、この「左ｰ右」の組み合わせ（八〇％）が両チームにとって最もよい状態なのかというと、実はそうではありません。なぜならブラジル代表にとってみれば、日本代表が

日本代表のシュート成功率②

日本代表＼ブラジル代表	左コーナー	右コーナー	日本にとっての最小利得
左コーナー	40%	80%	40%
右コーナー	90%	10%	10%
ブラジルにとっての最大損失	90%	80%	

日本代表にとって最もよい選択？

ブラジル代表にとって最もよい選択？

右コーナーを狙ってくるならば、自分たちも右にくると読んでいたほうがよい結果（一〇〇％）になるからです。したがって、この組み合わせはナッシュ均衡ではありません。

ここで、81ページのケース8と比べてみましょう。ケース8はゲームが一回きりだったこともあり、どのカードを出すかについての戦略を一つに絞れば、両者にとって最適な点（ナッシュ均衡点）が出るようになっていました。ところが、スポーツのような高度な駆け引きの世界では、「戦略を一つに絞りさえすれば、それが最高の状態である」ということはまずありません。

3-10 サッカーで見るミニマックス戦略③
～純粋戦略から混合戦略へ～

前ページで述べたように、高度な駆け引きの世界では、「戦略を一つに絞りさえすれば、それが最高の状態である」ということはまずありません。

たとえばサッカーで、キッカーがいつも左コーナーを狙ってシュートを打つと決めていたならば、きっとキーパーは左を固めてきます。そうすれば当然、シュートは止められてしまうでしょう。いくら素晴らしいフォークを投げるピッチャーでも、いつもフォークを投げてばかりいたのでは、相手チームの打線を抑えることはできないはずです。

スポーツに限ったことではありませんが、複雑な戦略が要求される世界では、一つの戦略を常に選択するという「純粋な戦略（**純粋戦略**）」では、最適な状態にはなり得ません。

では、複雑な状況においては両者にとって最適となる点（ナッシュ均衡）は存在しないのでしょうか？

そうではありません。さまざまな戦略を併せて使うことにより、そのような点を求める

純粋戦略と混合戦略

純粋戦略

例）・車の販売基準価格を引き下げる（44ページ参照）
・無糖タイプの缶入りコーヒー飲料の商品化（68ページ参照）

混合戦略

例）・5球中、フォークを1球だけ投げる

ことが必ずできます。

だからこそ、ピッチャーもストレートを投げたり、フォークを投げたり、ときにはカーブを投げたりと、さまざまな戦略を組み合わせているのです。サッカー選手も、いつも決まった箇所にシュートを打たずに、左右に振り分けたり、正面から鋭いキックを放ったりするのです。

このように、ミニマックス戦略を用いても両者にとって最適な点が見つからない場合、戦略をいくつか組み合わせてみれば（**混合戦略**）、必ず最適な点は見つかるようになっているのです。

3-11 サッカーで見るミニマックス戦略④
〜戦略を混ぜる〈その1〉〜

実際に「戦略を組み合わせる」方法を使う場合には、組み合わせる割合を決めなくてはなりません。94ページのケース10を用いて考えていきましょう。

まず、日本代表のキッカーが左コーナーと右コーナーに一対一の割合で打ち分け、ブラジル代表のキーパーは左右半々の確率でシュートコースを読んだとすると、シュートが決まる確率はどのようになるでしょうか？　蹴る方向を左右どちらか一つに絞る純粋戦略のときは、日本代表のキッカーが左コーナーにシュートを打って決まる確率は、キーパーの読みによってそれぞれ四〇％と八〇％になります。

これに対して、キッカーが左右に打ち分けて左コーナーにシュートする確率が五〇％、キーパーが左にくると読む確率も五〇％だとすると、左にシュートしてそれが決まる確率を求めてみましょう。

左コーナーにシュートして、キーパーも左にくると読んだときのシュート成功率は四〇

日本代表が左コーナーにシュートした場合

ブラジル代表のキーパーが「左にくる」と読んだ場合

シュート成功率 40% × 左にシュートする確率 50% × キーパーが読む確率 50% ＝ 10%

ブラジル代表のキーパーが「右にくる」と読んだ場合

シュート成功率 80% × 左にシュートする確率 50% × キーパーが読む確率 50% ＝ 20%

日本代表が左コーナーにシュートした場合の成功率
10%+20%=30%

％です。左にシュートする確率は五〇％、キーパーが左にくると読む確率も五〇％であるため「四〇％×五〇％×五〇％」となり、シュート成功率は一〇％となります。

　また、左コーナーにシュートして、キーパーが右にくると読んだときの成功率は八〇％です。左コーナーにシュートする確率は五〇％、キーパーが右にくると読む確率も五〇％であるため「八〇％×五〇％×五〇％」となり、シュート成功率は二〇％になります。

　つまり、左コーナーにシュートするときの成功率はキーパーが左と読んでいれば一〇％、右と読んでいれば二〇％であるため、左にシュートした場合の成功率は「一〇％＋二〇％」で合計三〇％ということになります。

3-12 サッカーで見るミニマックス戦略⑤
～戦略を混ぜる〈その2〉～

前項の日本代表が左コーナーにシュートした場合と同じように、今度は右コーナーにシュートした場合を考えてみましょう。

右コーナーにシュートを打ち、キーパーも右にくると読んでいるときの成功率は一〇％です。右コーナーにシュートを打つ確率は五〇％、キーパーが右にくると読んでいる確率も五〇％であるため、「一〇％×五〇％×五〇％」という式が成り立ちます。計算の結果、シュート成功率は二・五％になります。

また、右コーナーにシュートを打ち、キーパーが左にくると読んでいるときのシュート成功率は九〇％です。そして右コーナーにシュートを打つ確率は五〇％、キーパーが左にくると読んでいる確率も五〇％であるため、「九〇％×五〇％×五〇％」という式が成り立ちます。計算の結果、シュート成功率は二二・五％です。

つまり、日本代表が右コーナーにシュートを打つときの成功率は、キーパーも右にくる

日本代表が右コーナーにシュートした場合

ブラジル代表のキーパーが「右にくる」と読んだ場合

シュート成功率 10％ × 右にシュートする確率 50％ × キーパーが読む確率 50％ ＝ 2.5％

ブラジル代表のキーパーが「左にくる」と読んだ場合

シュート成功率 90％ × 右にシュートする確率 50％ × キーパーが読む確率 50％ ＝ 22.5％

↓

日本代表が右コーナーにシュートした場合の成功率
2.5％＋22.5％＝25％

と読んでいれば二・五％、左にくると読んでいれば二二・五％となります。この結果から、日本代表が右コーナーにシュートを打つ場合の成功率は「二・五％＋二二・五％」で合計二五％ということになります。

　前項で求めた左コーナーにシュートを打って決まる確率は三〇％、このページで求めた右コーナーにシュートを打って決まる確率は二五％です。よって、日本代表のキッカーが左右に五〇％対五〇％の割合で打ち分け、ブラジル代表のキーパーも五〇％対五〇％の割合で左右にくると読んでいるとき、日本代表のシュート成功率は「三〇％＋二五％」で五五％になります。

3-13 サッカーで見るミニマックス戦略⑥
〜ブラジルの戦略〈その1〉〜

前ページにおいて、日本代表のキッカーが左右に五〇%ずつの割合でシュートを打ち分け、ブラジル代表のキーパーも左右に五〇%ずつの割合でシュートコースを読んだ場合のシュート成功率は五五%になることがわかりました。今度は、日本代表のキッカーが左右に五〇%ずつの割合で打ち分けるという条件は変えずに、ブラジル代表のキーパーがシュートコースを読む割合を変えてみましょう。

①キーパーが絶対に右にくると読んでいた場合（左：〇%、右：一〇〇%）

・左コーナーにシュートしたときの成功率＝（成功率四〇%×左に打つ確率五〇%×キーパーが左と読む確率〇%）＋（成功率八〇%×左に打つ確率五〇%×キーパーが右と読む確率一〇〇%）＝四〇%

・右コーナーにシュートしたときの成功率＝（成功率九〇%×右に打つ確率五〇%×キーパーが左と読む確率〇%）＋（成功率一〇%×右に打つ確率五〇%×キーパーが右

キーパーの読みとシュート成功率

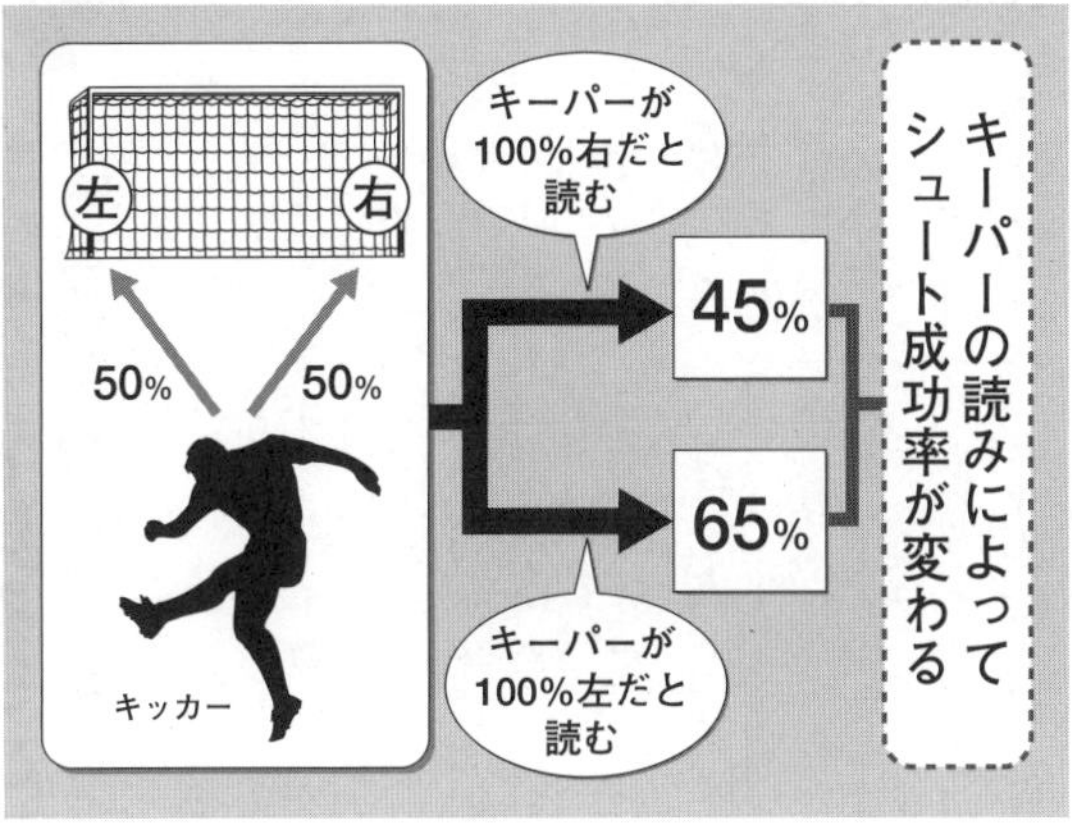

と読む確率一〇〇%）＝五%
よって、①のシュート成功率は四五%です。
②キーパーが絶対に左にくると読んでいた場合（左：一〇〇%、右：〇%）
・左コーナーにシュートしたときの成功率
＝（成功率四〇%×右に打つ確率五〇%×キーパーが左と読む確率一〇〇%）＋（成功率八〇%×左に打つ確率五〇%×キーパーが右と読む確率〇%）＝二〇%
・右コーナーにシュートしたときの成功率
＝（成功率九〇%×右に打つ確率五〇%×キーパーが左と読む確率一〇〇%）＋（成功率一〇%×右に打つ確率五〇%×キーパーが右と読む確率〇%）＝四五%
よって、②のシュート成功率は六五%です。

3-14 サッカーで見るミニマックス戦略⑦

～ブラジルの戦略〈その2〉～

前項では、キーパーがシュートコースをどう読んでいるかによって、シュート成功率が変動することを述べました。では、シュート成功率は具体的にどのような範囲で変動する、つまり最高の成功率と最低の成功率はどのようになるのでしょうか?

先ほどと同様に、日本代表のキッカーは左右に五〇%ずつの割合でシュートを打ち分けているとしましょう。そして、ブラジル代表のキーパーは左にはqの割合でくると読んでおり、右には「一〇〇－q」の割合でくると読んでいるとしましょう（0≦q≦100となります）。

このときの日本代表のシュート成功率は図のようになります。

日本代表が左コーナーに五〇%、右コーナーに五〇%の割合で打ち分けるという戦略をとっているとき、ブラジル代表は当然、成功率をできる限り低くしたいわけです。そのため、自分たちの戦略（シュートコースの読み）を変えながら、シュート成功率が最低にな

日本代表のシュート成功率

	成功率		左右にシュートする確率		キーパーが左と読む確率		成功率		左右にシュートする確率		キーパーが右と読む確率		成功率
左にシュートする場合	40%	×	50%	×	q%	＋	80%	×	50%	×	100−q%	＝	(−20q＋40)%
右にシュートする場合	90%	×	50%	×	q%	＋	10%	×	50%	×	100−q%	＝	(40q＋5)%

↓

全体としてのシュート成功率 → 0.2q＋45%

↓

qは　0≦q≦100（%）なので

➡0≦0.2 q ≦20%➡45≦0.2q＋45%（全体としてのシュート成功率）≦65（%）

↓

全体としてのシュート成功率は45%〜65%の間にある

る戦略を選択します。

１００ページの「サッカーで見るミニマックス戦略④」で日本代表が左右に五〇%ずつの割合で打ち分け、ブラジル代表五〇ずつの割合で左右にくると読んでいるときの日本代表のシュート成功率は五五%になることがわかりました。

しかし、ブラジル代表にとっては「右に一〇〇%の割合でくる」と読む戦略をとれば、日本代表のシュート成功率を四五%に抑えることができます。そうなれば当然、そのような戦略に変えてくるでしょう。

よって、日本代表のシュート成功率は結局四五%になるということです。

3-15 サッカーで見るミニマックス戦略⑧
～日本の戦略〈その1〉～

前ページでは、日本代表がシュートを左右五〇%ずつの割合で打ち分けているとき、ブラジル代表が左には「q%」の割合で、右には「一〇〇－q%」の割合でくると読んでいるときのシュート成功率について考えました。

図1はそれをグラフにしたものです。前述のように、ブラジル代表は初め五〇%の割合で左にくると読んでいても、もっと日本代表のシュート成功率が低くなるように読みを変えてきます。それを表しているのが図中の矢印です。

一般的には、日本代表がある戦略をとったとき、ブラジル代表は日本代表が選んだ戦略の中で最も成功率が低くなるような戦略を自分たちの戦略として決定します。よって、さまざまなシュートの打ち分けによってそれぞれ成功率が変化しますが、日本代表にとっては「とり得る全戦略の中で、最低の成功率が最も高い戦略を選ぶ」のが最適ということになります。これはまさにミニマックス戦略です。

キーパーの読みで変わるシュート成功率

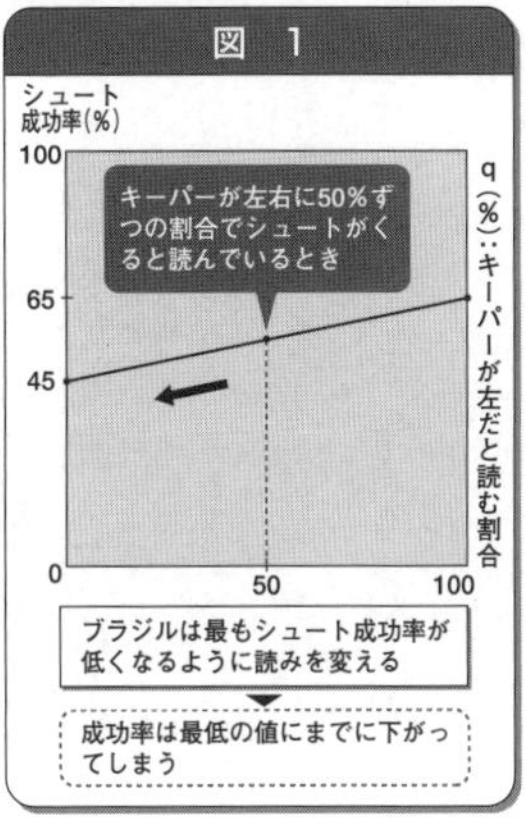
図　1
シュート
成功率(%)
100
65
45
0
50
100
キーパーが左右に50%ずつの割合でシュートがくると読んでいるとき
q(%)：キーパーが左だと読む割合
ブラジルは最も成功率が低くなるように読みを変える
成功率は最低の値にまでに下がってしまう

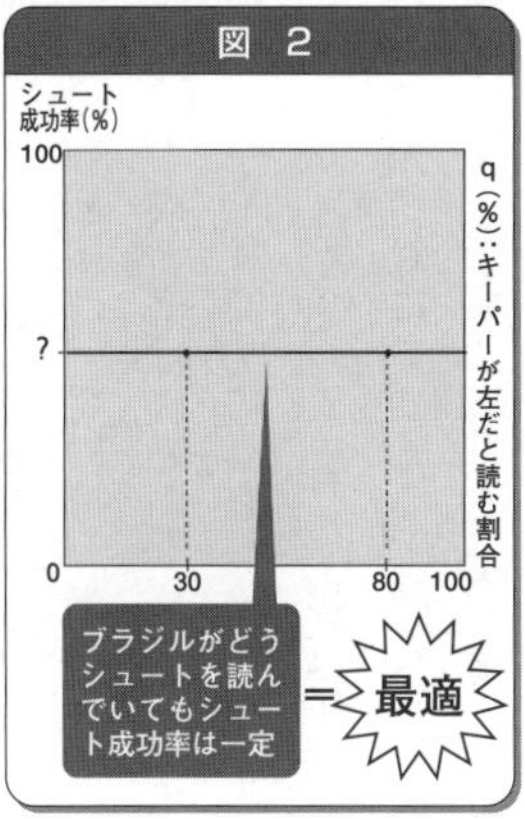
図　2
シュート
成功率(%)
100
?
0
30
80
100
q(%)：キーパーが左だと読む割合
ブラジルがどうシュートを読んでいてもシュート成功率は一定
＝
最適

では、最低の成功率が最も高いとき（ミニマックス戦略）とは、どのようなものなのでしょうか？

図2を見ると、シュートの成功率はブラジル代表の読みにかかわらず一定だということがわかるでしょう。つまり、「成功率の変動がない」状態なのです。成功率が変動しないときは、最高のシュート成功率と最低のシュート成功率が一致しています。そのため、このときが「最低の成功率の中で最も成功率が高い」ミニマックス戦略なときとなるのです。

次ページからは、そのような打ち分け方（戦略）を求めるためにはどうすればよいかについて見ていきましょう。

3-16 サッカーで見るミニマックス戦略⑨
～日本の戦略〈その2〉～

では、日本代表のキッカーがどのような割合で左右にシュートを打ち分ければ、ブラジル代表のキーパーがどのような読みをしても、シュート成功率が一定になるのでしょうか?

キッカーが左に打つ割合を「p%」、右に打つ割合を「一〇〇－p%」とします。たとえばp＝五〇のときは、右に打つ割合も左に打つ割合も五〇%ずつになるわけです。この場合のシュート成功率は次のようになります。

①キーパーが絶対に左にくると読んでいるとき

40%×p%＋90%×（100－p）%＝40p%＋（90－90p）%＝（－50p＋90）%

②キーパーが絶対に右にくると読んでいるとき

80%×p%＋10%×（100－p）%＝80p%＋（10－10p）%＝（70p＋10）%

これらを直線のグラフにすると図のようになります。キーパーがシュートコースをどう

キーパーの読みで変わるシュート成功率の変動域

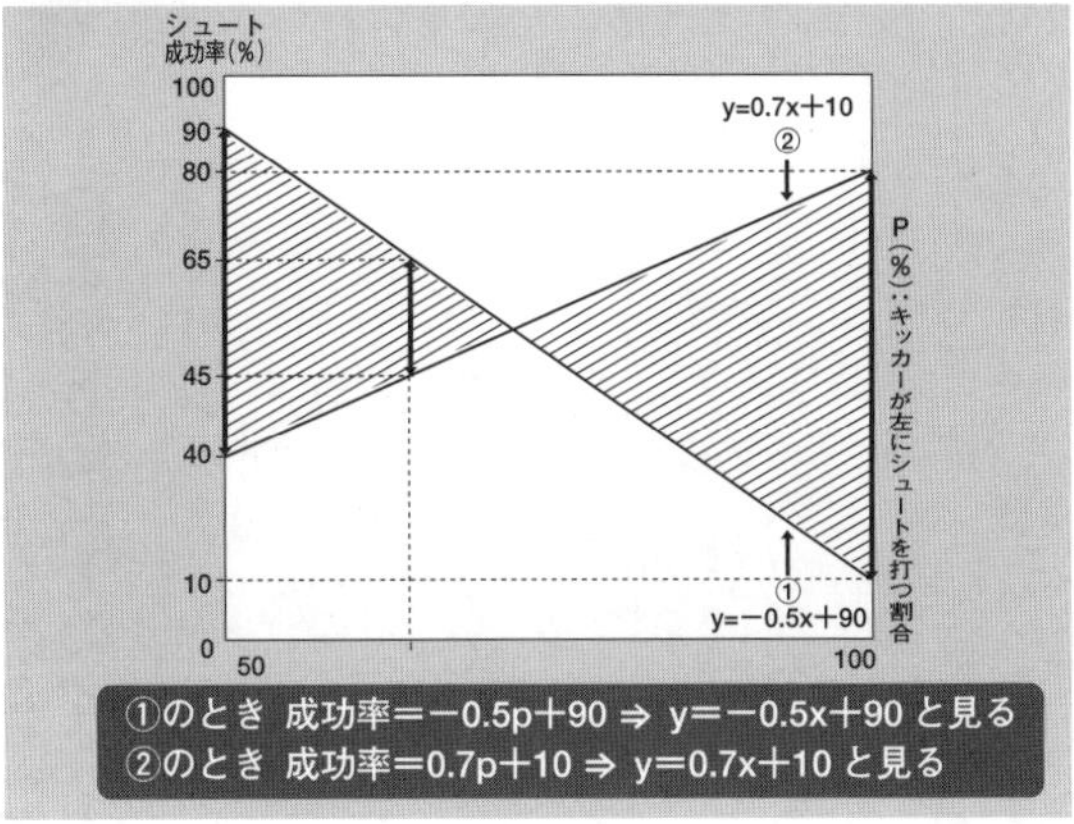

読んでいるかによって、成功率は最大値と最低値の間で変動します。たとえば、キッカーが必ず右コーナーにシュートを打つ（p=0）とき、シュートの成功率はキーパーがどう読んでいるかによって九〇%～一〇%の間で変動します。

3―14で、キッカーが左右に五〇%ずつの割合で打ち分けたときの成功率が四五%～六五%の間で変動することを見ましたが、図でもそれが確認できるでしょう。図の斜線部分はその変動域の全範囲を表しています。そして、この範囲内でミニマックス戦略をとります。つまり、二本の直線の間でシュート成功率が最も低いものを選び、さらにその中で最も確率の高いものを選べばよいわけです。

3-17 サッカーで見るミニマックス戦略⑩
～日本の戦略〈その3〉～

前ページのケースにおいて、実際にミニマックス戦略を選ぶと図のようになります。それぞれの確率において最低のものを選んで結んだものを太線で表しています。

ここで、①と②の交点を見てください。成功率がまったく変動していないことがわかるでしょう。

前述のように、キーパーの読みにかかわらず成功率が一定のときが「最適」になるため、ここが最適な点であることがわかります。

この点におけるpの値を求めると次のようになります。

−0.5p＋90＝0.7p＋10

1.2p＝80 ⇔ p＝200／3（%）、1−p＝100／3（%）

よって、左右に二対一の割合でシュートを打ち分けることが、日本代表のキッカーにとっての最適であることがわかります。

ミニマックス戦略

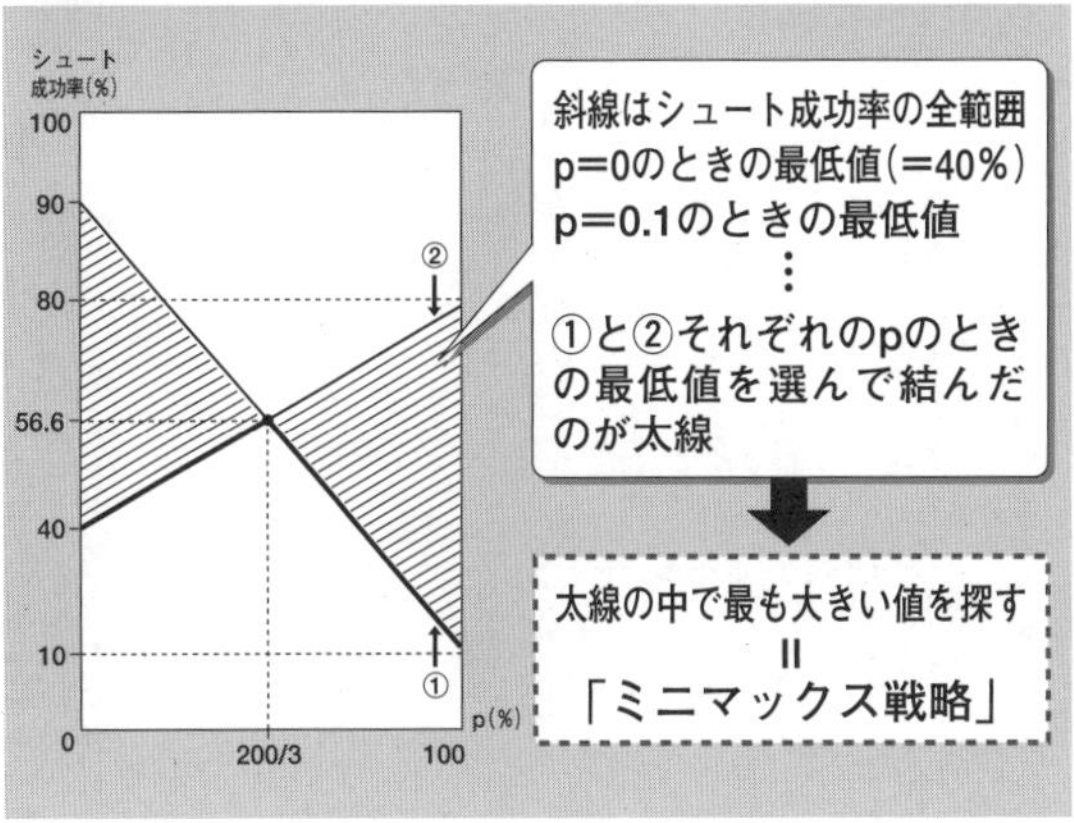

では、このときのシュート成功率はどのようになるでしょうか?

前ページの①の式に「p=200/3」を代入すると、次の式になります。

40%×(200/3)%+90%×(100/3)%=170/3(%)≒56.6%

よって、日本代表のキッカーが左右に二対一の割合で打ち分けたとき、ブラジル代表のキーパーがシュートコースをどう読んでいようと、シュート成功率は約五六・六%になります。

3-18 サッカーで見るミニマックス戦略⑪
～再びブラジルの戦略～

では、ブラジル代表のキーパーの立場から見た場合の最適な読みを考えましょう。
キーパーは、シュートが左にくる割合は「q」%、右にくる割合が「一〇〇－q」%であると読んでいるとします。この場合のシュート成功率は次のようになります。

①キッカーが絶対に左に打ってくるとき

40%×q%+80%×（100－q）%=0.4q%+（80－0.8q）%=（－0.4q+80）%

②キッカーが絶対に右に打ってくるとき

90%×q%+10%×（100－q）%=0.9q%+（10－0.1q）%=（－0.8p+10）%

3－16と同様、この二つの式を直線としてグラフにすると、図1のようになります。斜線部分が成功率の変動域であるため、ここでマックスミニ戦略（相手の利得を最小化させるための意思決定）をとります。それが図2です。

前ページと同様に①と②の交点を見ると、成功率がまったく変動していません。キーパー

マックスミニ戦略

図 1

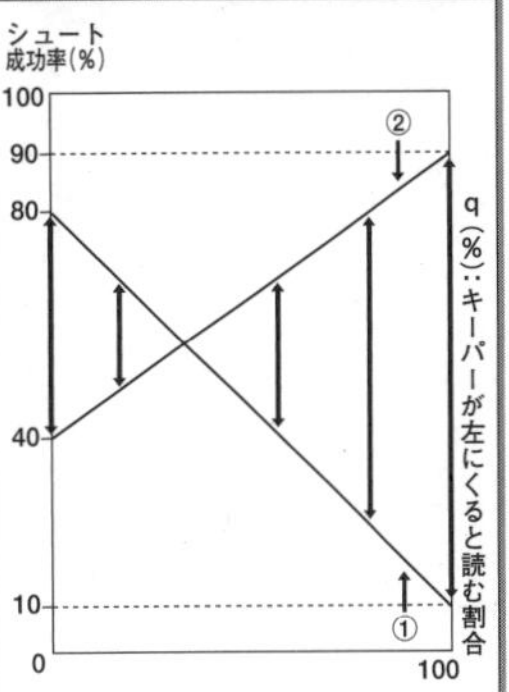

図 2

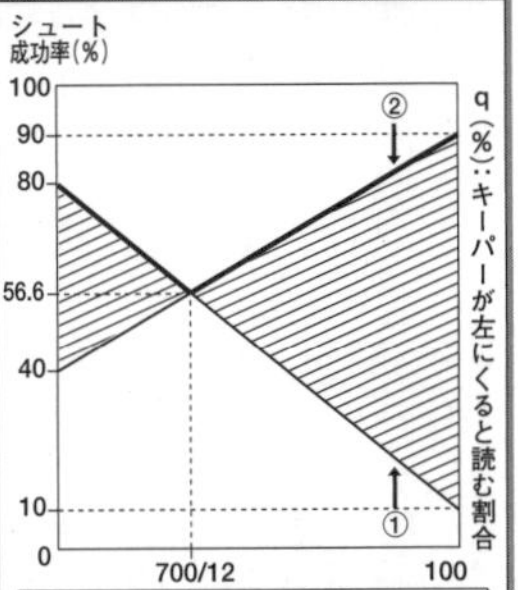

①と②の直線の中で最高値のものを選び(太線)、さらにその中で最も低い値を探す

「ミニマックス値=マックスミニ値」

の読みにかかわらず成功率が一定のときが「最適」であるため、ここが最適の点だということがわかります。この点におけるqの値を求めると次のようになります。

$-0.4q+80=0.8q+10$

$1.2q=70 \Leftrightarrow q=700/12$（%）

$1-q=500/12$（%）

②に「$q=700/12$」を代入してシュート成功率を計算すると次のようになります。

$40\%\times(700/12)\%+80\%\times(500/12)\%=170/3(\%)\fallingdotseq 56.6\%$

つまり、キッカーが一対二の割合で左右に打ち分け、キーパーが七対五の割合で左右にくると読めば、両チームにとって最もよい点を求めることができるということです。

3-19 純粋戦略と混合戦略①

では、実際のビジネスのケースについて考えてみましょう。

【ケース11】
不動産開発業者のR社は自社で所有している用地の開発を検討しており、隣接する用地をL社が買収して不動産開発を計画しています。R社とL社が商用ビルを建設したときの年間収入はR社が六〇億円、L社が四〇億円と推定されます。R社が商業ビルを建設して、L社が高級マンションを建設した場合、年間収入の推定はR社が四〇億円、L社は五〇億円です。R社が高級マンションを建設してL社が商業ビルを建設したときの年間収入はR社が四〇億円、L社が六〇億円と推定されます。また、両社ともに高級マンションを建設した場合の年間収入はR社が五〇億円、L社が四〇億円になると推定されます。

このケースにおいて、L社が商業ビルを建設したときのR社の最適反応（68ページ参照）は商用ビルの建設です。また、L社が高級マンション建設したときのR社の最適反応は高

R社とL社の利得行列と最適反応戦略

L社の戦略／R社の戦略	商業ビル建設	高級マンション建設
商業ビル建設	**60**億円、40億円 R社の最適反応	40億円、**50**億円
高級マンション建設	L社の最適反応 40億円、**60**億円	**50**億円、40億円

※左側がR社の利得、右側がL社の利得

級マンションの建設です。一方、R社の商業ビル建設に対するL社の最適反応は高級マンション建設であり、R社の高級マンション建設に対するL社の最適反応は商業ビル建設です。このようなゲーム的状況においては、両社ともに支配戦略も弱支配戦略も持ちません。また、ナッシュ均衡も存在しません。

そこでR社が商業ビルを建設する確率を「p」、高級マンションを建設する確率を「1－p」、L社が商業ビルを建設する確率を「q」、高級マンションを建設する確率を「1－q」として混合戦略を求めます。R社の戦略は「p、1－p」、L社の戦略は「q、1－q」のように表されます。

3-20 純粋戦略と混合戦略②

ケース11における混合戦略を求めるために、まずR社とL社の期待利得を求めます。

①R社の期待利得$=60pq+40p(1-q)+40(1-p)q+50(1-p)(1-q)$

$=30pq-10p-10q+50$

②L社の期待利得$=40pq+50p(1-q)+60(1-p)q+40(1-p)(1-q)$

$=-30pq+10P+20q+40$

R社が決定できるのはpだけなので、①をpでまとめるとR社の期待利得は$(30q-10)p-10q+50$のようになります。これを最大化するために、pは$30q-10$が正のときに最大値「1」、負のときに最小値「○」、○のときにすべての値「$0\leqq q\leqq 1$」をとります。

$q>1/3$のとき、$p=1$ →商業ビルの建設

$q=1/3$のとき、$0\leqq P\leqq 1$ →商業ビルまたは高級マンションの建設

$q<1/3$のとき、$P=0$ →高級マンションの建設

R社とL社の最適反応戦略の動き

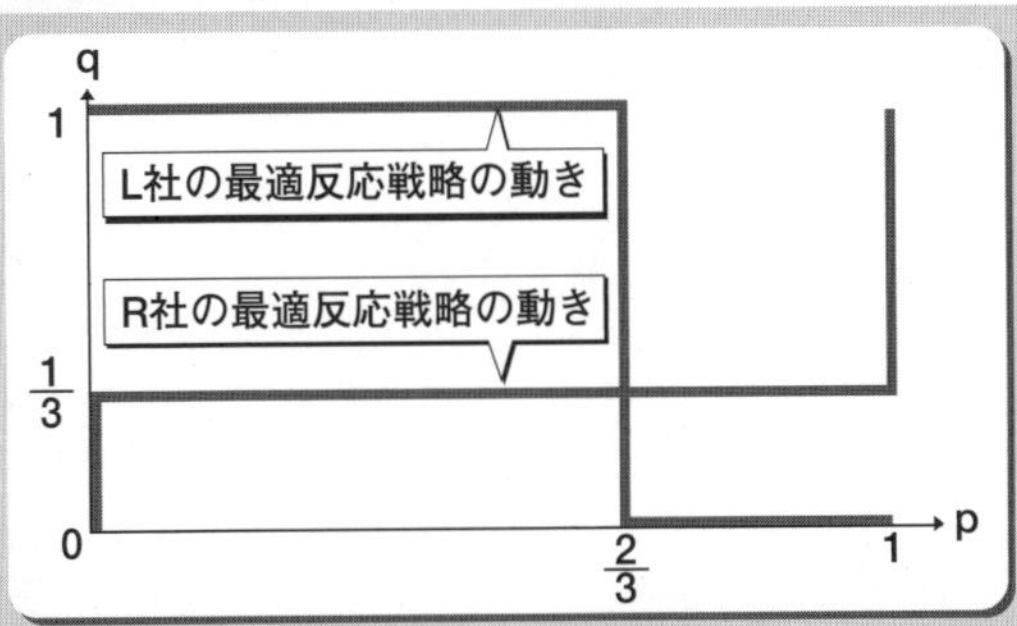

R社が⅔の確率で商業ビルを建設して⅓の確率で高級マンションを建設する戦略「⅔、⅓」と、L社が⅓の確率で商業ビルを建設して⅔の確率で高級マンションを建設する戦略「⅓、⅔」がナッシュ均衡となる。

また、L社が決定できるのはqだけなので、②をqでまとめるとR社の期待利得は（－30p＋10）q＋20q＋40となります。これを最大化するために、qは－30p＋10が正のときに最大値「1」、負のときに最小値「0」、0のときにすべての値「0≦q≦1」をとります。

p＞2／3のとき、q＝0

→高級マンションの建設

p＝2／3のとき、0≦q≦1

→商業ビルまたは高級マンションの建設

p＜2／3のとき、q＝1

→高級マンションの建設

ナッシュ均衡は、お互いの戦略に対する最適反応戦略になるようなR社とL社の戦略の組なので、p＝2／3、q＝1／3で実現します。

3-21 純粋戦略と混合戦略③

混合戦略は76ページのケース7にも活用できます。このケースにおいて、H社がA社のシステムを導入する確率を「p」、B社のシステムを導入する確率を「1－p」とします。また、I社がA社のシステムを導入する確率を「q」、B社のシステムを導入する確率を「1－q」とします。

①H社の期待利得$=100pq+20p(1-q)+10p(1-q)+50(1-p)(1-q)$

$=(120q-30)p-40q+50$

②I社の期待利得$=50pq+20p(1-p)+10(1-p)q+100(1-p)(1-q)$

$=(120p-90)q-80p+100$

①においてH社の期待利得を最大化するために、pは$120q-30$が正のときに最大値「1」、負のときに最小値「○」、○のときにすべての値「$0 \leqq q \leqq 1$」をとります。

$q>1/4$のとき$p=1$ →A社のシステムを導入

H社とI社の利得行列

I社の導入システム ＼ H社の導入システム	A社のシステム	B社のシステム
A社のシステム	100億円、50億円	20億円、20億円
B社のシステム	10億円、10億円	50億円、100億円

※左側がH社の利得、右側がI社の利得

H社は$\frac{3}{4}$の確率でA社のシステムを導入して$\frac{1}{4}$の確率でB社システムを導入する戦略($\frac{3}{4}$、$\frac{1}{4}$)、I社は$\frac{1}{4}$の確率でA社のシステムを導入して$\frac{3}{4}$の確率でB社のシステムを導入する戦略($\frac{1}{4}$、$\frac{3}{4}$)が、それぞれ相手の戦略に対する最適反応。これらの戦略の組み合わせ「$\frac{3}{4}$、$\frac{1}{4}$」「$\frac{1}{4}$、$\frac{3}{4}$」がナッシュ均衡となる。

$q=1/4$のとき$0 \leq p \leq 1$
→A社またはB社のシステムを導入
$q<1/4$のとき$p=0$
→B社のシステムを導入
②においてI社の期待利得を最大化するために、qは$120p-90$が正のときに最大値「1」、負のときに最小値「0」、0のときにすべての値「$0 \leq q \leq 1$」をとります。
$p>3/4$のとき$q=0$
→A社のシステムを導入
$p=3/4$のとき$0 \leq q \leq 1$
→A社またはB社のシステムを導入
$p<3/4$のとき$q=1$
→B社のシステムを導入

第4章
交互進行ゲーム

4-1 部分ゲーム完全均衡①

第3章では、戦略形ゲームにおけるプレーヤー間の、一度限りの同時の意思決定について述べました。しかし、現実社会では意思決定が複数期間にわたるなどの理由により、複雑な状況が考えられます。そして複数期間であっても、その中の一部分の意思決定を切り取って戦略やナッシュ均衡を考えることができますが、それを**部分ゲーム**といいます。

複数期間において行われるゲームは、意思決定を行う場所を表す**点**（Node）と戦略の選択肢を表す**枝**（Edge）によってつくられる**ゲームの木**（Game tree）で表されます。

【ケース12】

建設会社T社は公共事業への入札に参加しています。低価格を提示すれば、非常に高い確率で公共事業を請け負うことができると思われますが、通常どおりの入札価格では公共事業を請け負うことは不可能だと思われます。また、T社の下請け工事を請け負っているK社は収益率の改善を最重要経営課題としており、社内の人員を維持するか、それとも削

T社とK社のゲームの木

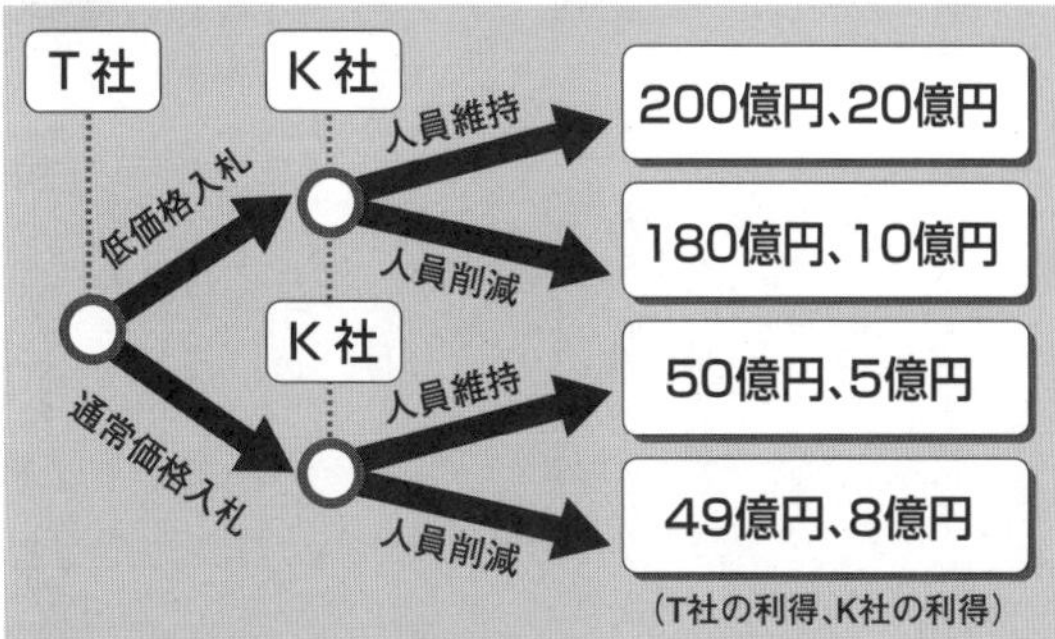

K社はT社が公共事業の入札に参加していることを知っており、T社が公共事業を受注すればK社は大型の工事をT社から請け負うことになる。また、T社が公共事業を受注できなければ、K社がT社から請け負う仕事はほとんどないと予想されている。なお、K社はT社の入札状況を見て、人員体制の見直しをすることができる。

減するかを検討しています。

Ｔ社が低い入札価格を提示して（公共事業を受注して）Ｋ社が人員を維持した場合、両社の収益はそれぞれ二〇〇億円と二〇億円です。また、Ｔ社が低い入札価格を提示してＫ社が人員削減をしたときの両社の収益は、それぞれ一八〇億円と一〇億円です。

一方、Ｔ社が通常の入札価格を提示して（公共事業を受注せず）Ｋ社が人員を維持した場合、両社の収益はそれぞれ五〇億円と五億円です。また、Ｔ社が通常の入札価格を提示してＫ社が人員を削減した場合、両社の収益はそれぞれ四九億円と八億円になります。

4-2 部分ゲーム完全均衡②
～完全情報ゲーム～

ケース12をT社とK社の戦略形ゲームとして考えていきます。まず、T社には「低い入札価格を提示して公共事業を受注する」あるいは「通常の入札価格を提示して公共事業を請け負わない」という二つの戦略があります。一方、K社には次の四つの戦略があります。

①T社が低い入札価格を提示しても通常の入札価格を提示しても、人員を維持する
②T社が低い入札価格を提示した場合には人員を維持し、T社が通常の入札価格を提示した場合には人員を削減する
③T社が低い入札価格を提示した場合は人員を削減し、T社が通常の入札価格を提示した場合には人員を維持する
④T社が低い入札価格を提示しても通常の入札価格を提示しても、人員を削減する

まず、T社が「低い入札価格」を提示した場合は、K社としてはできるだけ多くの利得を得ようとするため、とるべき戦略は①もしくは②ということになります。また、T社が「通

T社とK社の利得行列

K社の戦略 / T社の戦略	人員を維持	人員を削減
低い入札価格を提示	200億円、20億円	180億円、10億円
通常の入札価格を提示	50億円、5億円	49億円、8億円

※左側がT社の利得、右側がK社の利得

プレーヤーの情報集合がすべて1つの意思決定の点からなる展開形ゲームを「完全情報ゲーム（Game with Perfect Infomation）」という。完全情報ゲームでは、プレーヤーが意思決定するときに、各々がそれまでのゲームがどのような過程を経てきたかを完全に知っている。

常の入札価格」を提示した場合は、K社としては人員を削減したほうがよいため、とるべき戦略は②もしくは④になります。一方、K社が①か②、あるいは④の戦略をとるということがわかっていたならば、最大利益を得ようとするT社は「低い入札価格」を提示すべきだということがわかるでしょう。したがって、T社とK社のナッシュ均衡は「低い入札価格の提示－維持・維持」と「低い入札価格の提示－維持・削減」において実現します。

さらに、これらのナッシュ均衡を125ページのゲームの木に沿って考えます。この展開形ゲームには二つの部分ゲームがありますが、それについては次項で述べます。

4-3 部分ゲーム完全均衡③ 〜後向き帰納法〜

まず、T社が低い入札価格を提示した後におけるK社の戦略について検討します。この部分ゲームにおいてK社は人員の維持を選び、自社の利得を最大化しようとします。このとき、K社の利得は二〇億円、T社の利得は二〇〇億円になります。

次に、T社が通常の入札価格を提示した後におけるK社の戦略について検討します。この部分ゲームにおいてK社は人員削減を選び、自社の利得を最大化しようとします。このとき、K社の利得は八億円、T社の利得は四九億円になります。この「維持・削減」が部分ゲーム完全均衡におけるK社の戦略となります。最後に、K社の「維持・削減」戦略に対するT社の最適反応戦略は「低い入札価格の提示」になります。

T社は「通常の入札価格を提示」した場合に、K社が「人員を削減」した結果、自社の利得が四九億円になることを好みません。T社はK社の「人員の維持」を期待し、二〇〇億円というより高い利得を得ようとして「低い入札価格を提示」する戦略を選びます。そ

部分ゲーム完全均衡と後向き帰納法

部分ゲーム

交互進行ゲームの一部であり、一個の独立したゲームとして分析できるもの

部分ゲーム完全均衡

ゲーム全体のナッシュ均衡

後向き帰納法

最終的な利得からさかのぼって部分ゲーム完全均衡を求める方法

のため、この展開形ゲームでは、T社が「低い入札価格の提示」をし、そしてK社が「人員を維持」してゲームが終了します。

このように、ゲームを順にさかのぼって各情報集合における最適な意思決定を選び、ゲーム全体の均衡である「部分ゲーム完全均衡」を求める方法を**後向き帰納法**(Backward induction)といいます。

この後向き帰納法によって「低い入札価格の提示－維持・削減」がT社とK社のそれぞれの戦略に対する最適反応戦略の組み合わせとなるナッシュ均衡であり、また、部分ゲーム完全均衡であることがわかりました。また、T社が「通常の価格を提示」したときのK社の最適反応戦略は「人員の削減」になります。

4-4 交互進行ゲームトレーニング①

まずは、ウォーミングアップです。次のようなゲームを考えてみてください。


【ケース13】

あなたとAさんはそれぞれ白と黒のカードを持っています。先にあなたが白か黒のカードを選び、それを見て対戦相手のAさんがカードを選びます。

あなたが白を出したとき、Aさんが白を出せばあなたは一〇万円、Aさんは〇円もらうことができます。また、Aさんが黒を出せばあなたは一万円、Aさんは一万円をもらうことができます。さらにあなたが黒を出したとき、Aさんが白を選べばあなたは〇円でAさんは三万円、Aさんが黒を選べばあなたは四万円、Aさんは二万円もらうことができます。

このゲームが終わったとき、二人はそれぞれいくらもらっているでしょうか？


答えは、あなたとAさんがそれぞれ一万円です。

では、交互進行ゲームで一番最後にどのような戦略が選択されるかを順に見ていきます。

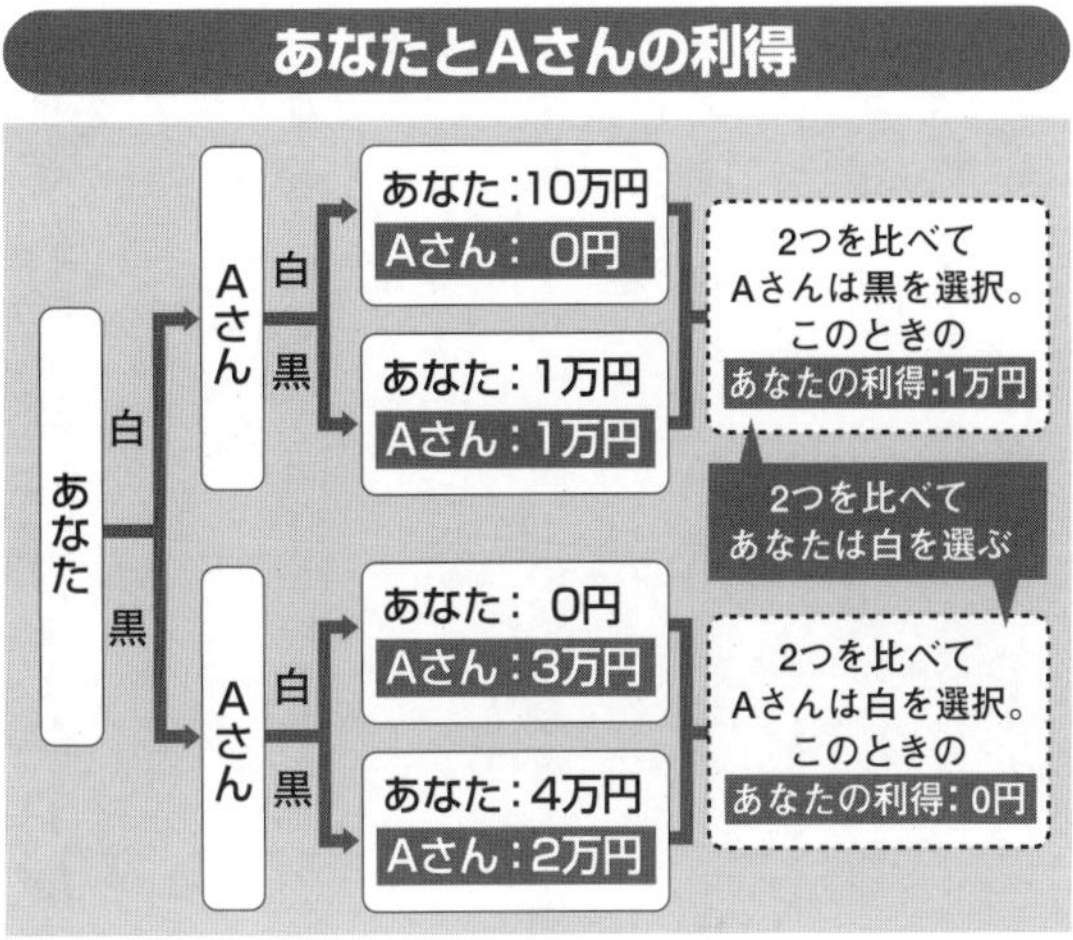

まず、このゲームにおいて最後に決めるのはAさんです。そのため、最後にAさんがどちらのカードを選ぶかをまず推測します。あなたが白を選んだとき、Aさんは白を選べば〇円、黒を選べば一万円もらえるため当然黒を選びます。それに対して、あなたが黒を選んだとき、Aさんは白なら三万円、黒なら二万円もらえるため当然白を選びます。

よって、「あなたが白ならAさんは黒、あなたが黒ならAさんは白を出す」ということをあなたは推測することができます。このときあなたがもらえる金額は、「白－黒」なら一万円、「黒－白」なら〇円となるため、当然一万円がもらえるほう、つまり白を出すことを選択するというわけです。

4-5 交互進行ゲームトレーニング②

交互進行ゲームを「自動車メーカーの新規参入」というビジネスにあてはめて考えてみましょう。

【ケース14】

自動車メーカーのN社は軽自動車の市場への参入を計画しています。市場には軽自動車に特化した最大手のS社がいます。N社の新規参入に対してS社が協調した場合は、N社は三億円の利得、S社は七億円の利得となります。

逆にS社が攻撃を仕掛けてきた場合、N社が徹底的に応戦をすれば、両社とも五億円の損益を被ります。S社の攻撃に耐えかねて撤退したならば、N社は軽自動車の生産ラインなどの大規模な設備投資がムダになってしまうため一〇〇億円の損害、S社は八億円の利得を得ます。一方、何もせずに撤退すれば知名度が上がるなどの要因により一億円の利得、S社は九億円の利得となります。

ケース14の部分ゲーム

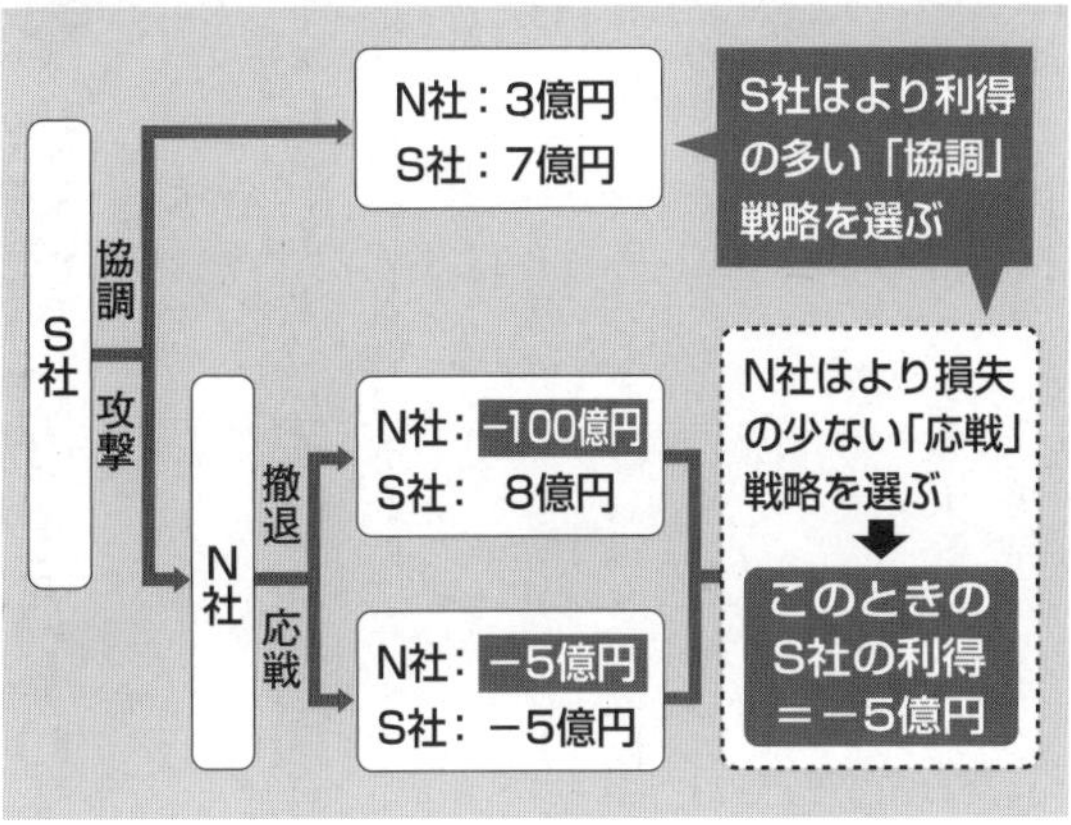

この場合、二社はそれぞれどのような戦略をとるでしょうか？

このゲームで最後に意思決定をするのはN社であるため、まずはN社がどのような行動をとるかを見る必要があります。S社が攻撃を仕掛けた場合、N社が応戦すれば五億円の損になりますが、撤退すればそれ以上の大損（一〇〇億円）になります。よって、N社は応戦すると考えられます。

次に、N社が市場に参入してきたときのS社の行動を考えます。協調すればS社は七億円の利得になります。逆に攻撃を仕掛けた場合、N社はあとには引けない以上応戦してくると予測でき、そうなると五億円の損害となるため、S社は協調してくると考えられます。

4-6 交互進行ゲームトレーニング③

ケース14において、N社の軽自動車市場への新規参入に対して業界最大手のS社が攻撃を仕掛けた場合、N社はそれに応戦することと、N社が新規参入してきたとき、S社は戦いを避けて協調してくるという予測ができました。

では、以上の予測から、N社がどのような意思決定をするかを考えましょう。

N社が市場に参入した際にはS社は協調すると思われるため、N社にとっては三億円の利得になります。さらに、参入しなければ利得はまったくありません。よって、N社は参入すべきです。

このケースにおいて、N社は大規模な設備投資を行っています。そのため、撤退すれば損害は一〇〇億円という莫大なものとなってしまうことから、あとには引けない状態に追い込まれています。たとえ業界最大手のS社が攻撃を仕掛けたとしても、応戦されることは目に見えているのです。そのため、S社は協調せざるを得ませんでした。

N社とS社のゲームの木

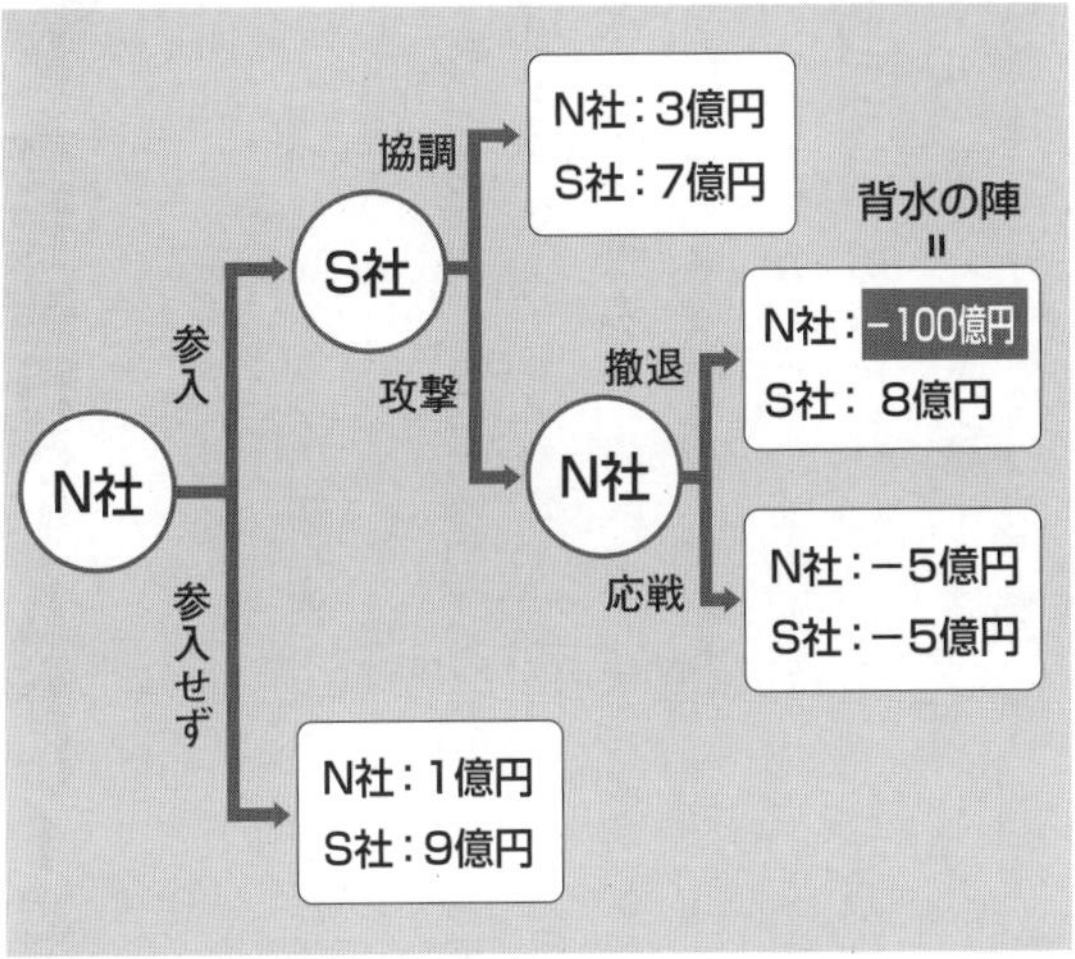

このように、何かの事業に新規参入しようとするときは、あらかじめ莫大な設備投資をするなどして退路を断ち、あとには引けないことをアピールすることによって既存企業の協調を引き出すという戦略があります。つまり、背水の陣です。

しかし、156ページからの「チェーンストア・パラドックス」で述べますが、実際の既存企業はこのケースのように簡単には協調してくれません。つまり、この戦略は「予測を見誤った場合、新規参入企業にとって待っているのは地獄」という非常に難しい戦略なのです。

4-7 交互進行ゲームトレーニング④

もう一つ、ビジネスケースを使って交互進行ゲームを見てみましょう。

【ケース15】

「たまごっち」ブームのときのことです。おもちゃメーカーのA社はこのブームに便乗して類似品をつくり、市場に参入しました。一カ月後、A社はこの市場に残るか撤退するかの選択を迫られます。この市場には、たまごっちの元祖であるB社がいます。A社が市場に残った場合、B社が協調姿勢をとればA社は三億円の利得、B社は七億円の利得となります。逆にB社が攻撃を仕掛けてきた場合、A社が徹底的に応戦をすれば両社とも五億円の損益を被り、戦いは泥沼と化します。B社の攻撃に耐えかねて撤退したならば、A社は一億円の損害、B社は八億円の利得を得ます。一方、A社がこの市場から撤退した場合、それまで稼いだ分一億円の利得となり、B社は九億円の利得となります。

この場合、A社とB社はどのような戦略をとるでしょうか?

A社とB社のゲームの木

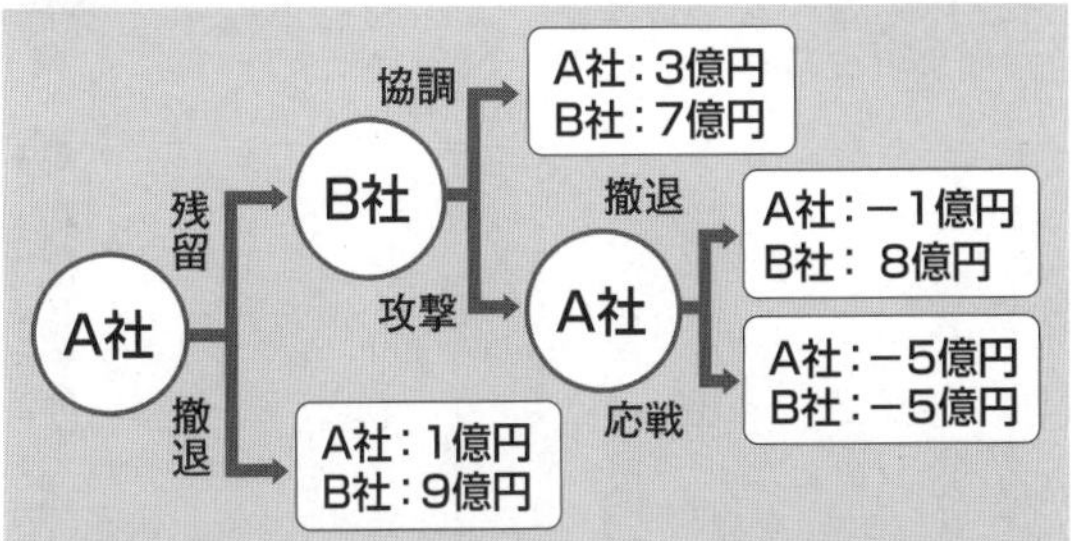

ケース15のように、市場に参入して少し利得を得るとすぐに撤退するような「ヒット・アンド・アウェイ」タイプの企業に対しては、市場にもともといた企業は攻撃を仕掛けて撤退を促したほうがよい

このケースにおいて最後に意思決定をするのはA社であるため、まずはA社がどのような行動に出るかを見ます。B社が攻撃を仕掛けた場合、A社は応戦すれば五億円もの損害を被りますが、ここで撤退すれば一億円の損害で済みます。よって、A社は撤退します。

次に、A社が市場に残ったときのB社の行動を考えます。協調すれば七億円の利得になりますが、攻撃を仕掛ければA社は撤退すると予測でき、八億円の利得となります。よって、B社は攻撃を仕掛けます。

以上の予測からA社の行動を考えると、市場に残れば一億円の損害、撤退すれば一億円の利得となるため、A社は撤退します。

4-8 有限回繰り返しゲーム①

これまで同時進行ゲームや交互進行ゲームについて説明してきましたが、これらのゲームにおいてはプレーヤーの意思決定は一度だけでした。ここでは、同じゲームを同じプレーヤーの間で反復して行う**繰り返しゲーム**（Repeated game）を取り上げます。

現実の世界では、一度限りのゲームよりも繰り返しゲームのほうが多いと考えられます。繰り返しゲームでは、一般的に同時進行ゲームを有限回または無限回繰り返して、均衡するプレーヤーの戦略の組み合わせを見出します。

【ケース16】

V航空とZ航空は航空運賃の見直しを検討しています。

両社は、今後二年間の各年度末に航空運賃を独自に見直すことを決定しました。両社は三月末の決算であり、価格戦略の見直しは、お互い話い合いなどをせず独自に、また同時に行われることになります。

V航空とZ航空のゲームの木

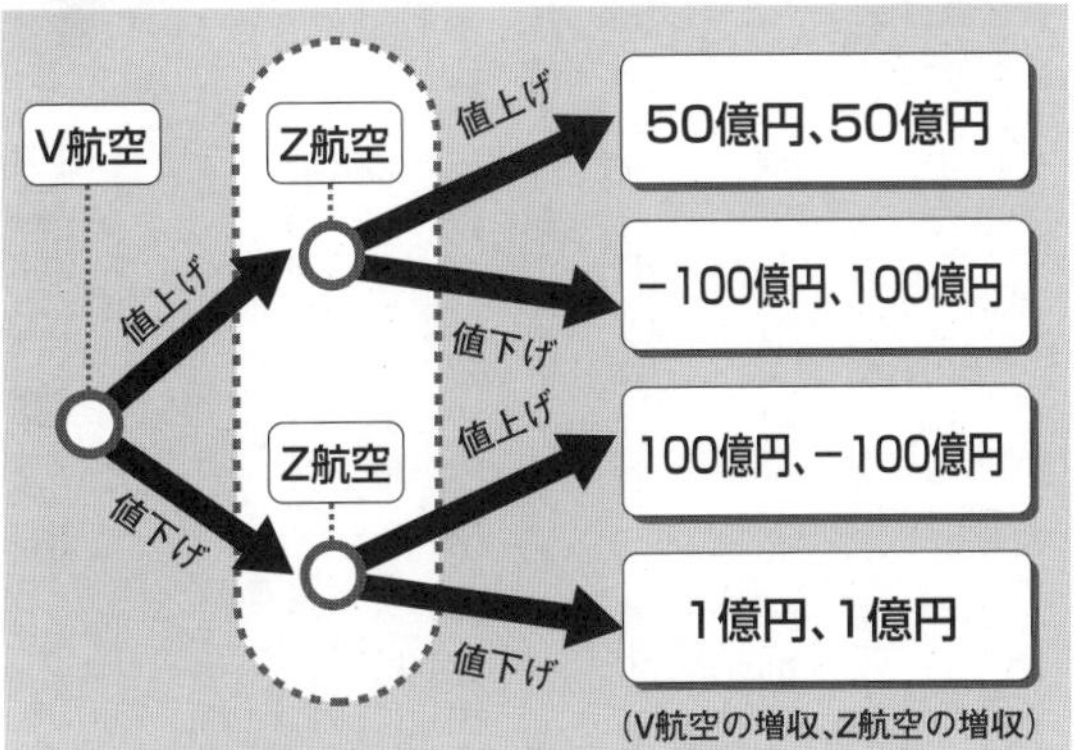

※図ではV航空を先頭にしたが、Z航空を先頭にしてもよい。

なお、両社の価格戦略は、航空運賃の値上げか値下げのどちらか一つです。

V航空とZ航空がともに航空運賃を値上げした場合、それぞれ五〇億円の増収が見込まれます。また、一社が航空運賃を値上げして、もう一社が値下げした場合、値上げした航空会社は一〇〇億円の減収となり、値下げした航空会社は一〇〇億円の増収となると見込まれます。さらに、両社がともに航空運賃を値下げした場合、両社の増収はともに一億円になると見込まれます。このような両社の価格戦略に対する利得は今後一定とします。

これは、V航空とZ航空による同時進行ゲームを二度行う繰り返しゲームです。

4-9 有限回繰り返しゲーム②

ケース16を一回きりの同時進行ゲームとして考えてみましょう。

Z航空の航空運賃値上げと値下げに対するV航空の最適反応戦略は、それぞれ値下げとなります。また、V航空の航空運賃値上げと値下げに対するZ航空の最適反応戦略は、それぞれ値下げとなります。したがって、ナッシュ均衡となるV航空とZ航空の戦略の組み合わせは「値下げ－値下げ」であり、このときの両社の利得は「一億円－一億円」になります。

また、このケースは「囚人のジレンマ」の状況にあります。ナッシュ均衡となる「値下げ－値下げ」より、両社が協力するなどして「値上げ－値上げ」を選択したほうが両社の利得が大きくなり、それがパレート最適（74ページ参照）となるからです。しかし両社は、自社の利得を最大化しようとするため、両社にとってより好ましい戦略を選ばずに結局、利得の低い戦略を選んでしまうのです。

後向き帰納法によるV航空とZ航空の利得行列の推移とナッシュ均衡

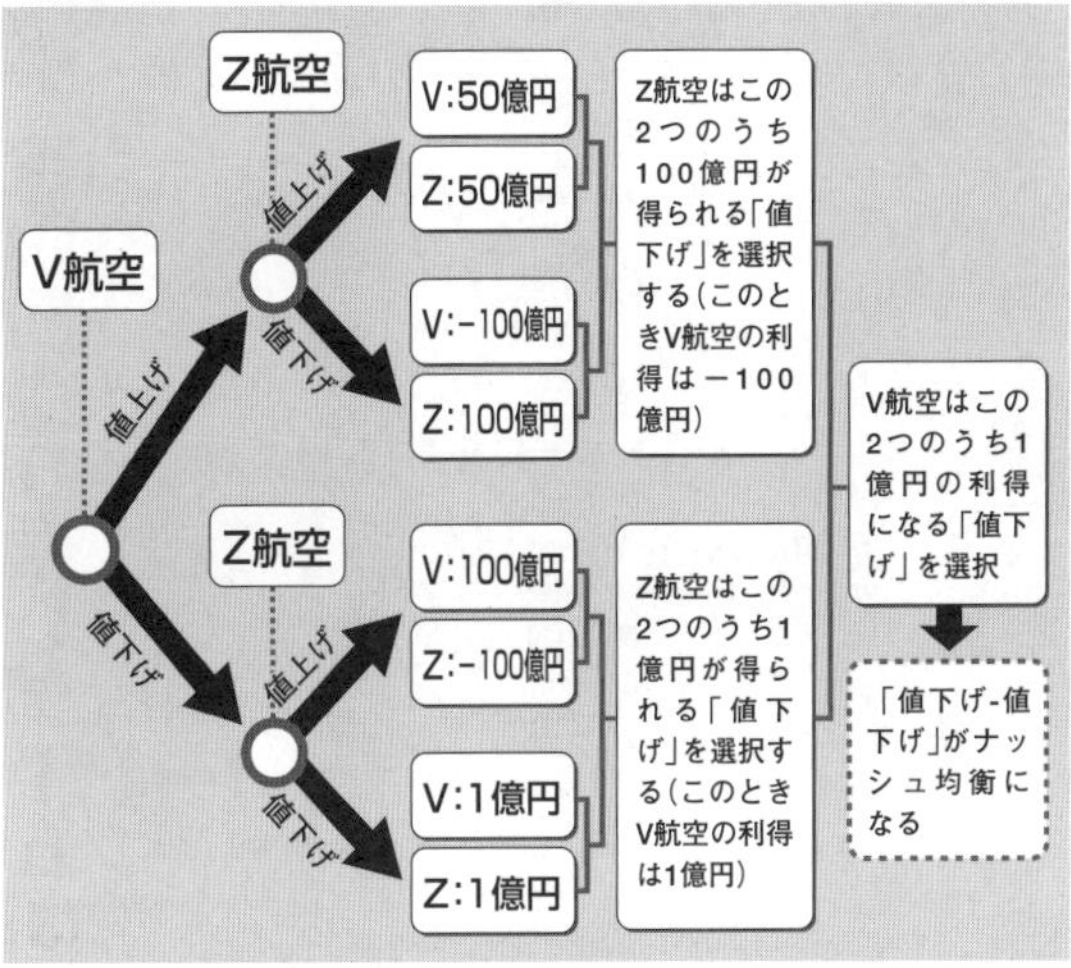
V航空
値上げ
値下げ
Z航空
値上げ
値下げ
V:50億円
Z:50億円
V:-100億円
Z:100億円
Z航空はこの2つのうち100億円が得られる「値下げ」を選択する(このときV航空の利得は－100億円)
Z航空
値上げ
値下げ
V:100億円
Z:-100億円
V:1億円
Z:1億円
Z航空はこの2つのうち1億円が得られる「値下げ」を選択する(このときV航空の利得は1億円)
V航空はこの2つのうち1億円の利得になる「値下げ」を選択
「値下げ-値下げ」がナッシュ均衡になる

このケースでは、同じ同時進行ゲームが二回繰り返されることになります。

一回目のゲームの結果は、二回目のゲームにおいて両社に知られています。したがって、これら各回の同時進行ゲームは、それぞれ部分ゲームと考えることができます。そして、ここでは後向き帰納法によって、二回目の部分ゲームから考えていきます。

二回目の部分ゲームは前述の一回目のゲームと同じなので、V航空とZ航空の戦略はナッシュ均衡となる「値下げ－値下げ」です。このときの両社の利得は「一億円－一億円」です。

4-10 有限回繰り返しゲーム③

次に、両社の二回目の戦略を基にして一回目の部分ゲームを考えます。

二回目の部分ゲームにおけるナッシュ均衡の利得を一回目のゲームの利得に加算すると、V航空とZ航空の利得は次のようになります。

「値上げ－値上げ」→「五一億円－五一億円」
「値上げ－値下げ」→「マイナス九九億円－一〇一億円」
「値下げ－値上げ」→「一〇一億円－マイナス九九億円」
「値下げ－値下げ」→「二億円－二億円」

両社にとって「値下げ」が最適反応戦略になるため、ナッシュ均衡は「値下げ－値下げ」となります。

したがって、この有限回繰り返しゲームにおいてはV航空とZ航空は初年度末に航空運賃を値下げし、次年度末にも航空運賃を値下げすることになります。

V航空とZ航空のゲームの木

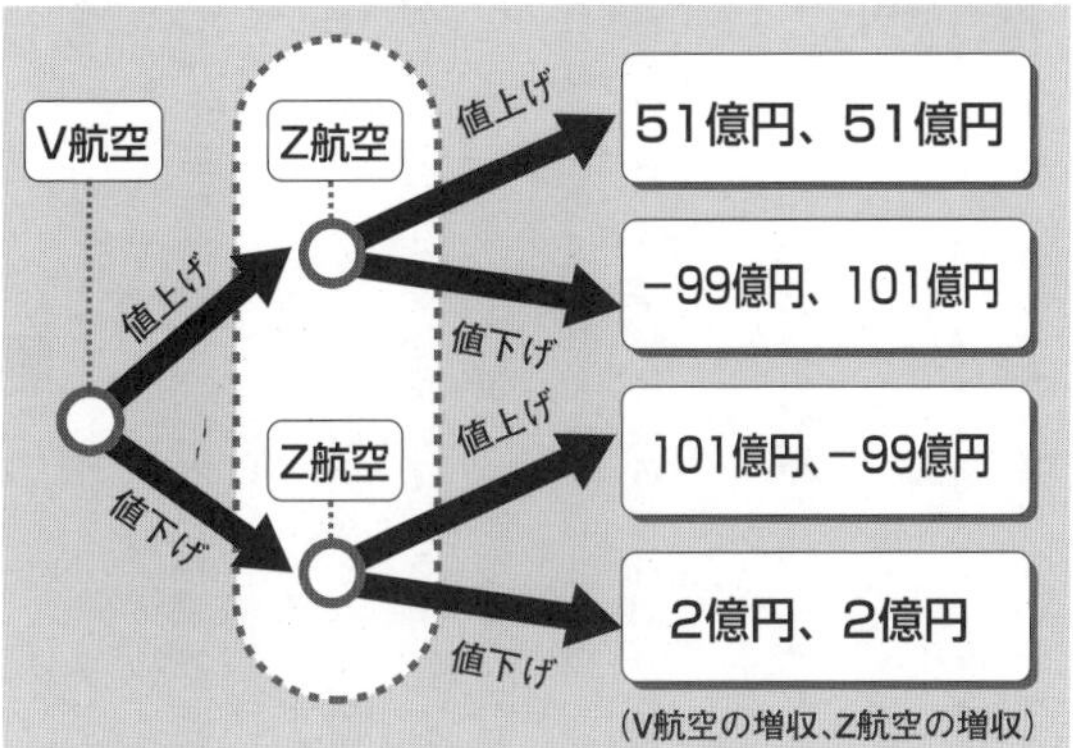

※図ではV航空を先頭にしたが、Z航空を先頭にしてもよい。

このゲームが三回繰り返されても同じことです。すべての部分ゲームにおいてナッシュ均衡は「値下げ－値下げ」となるからです。

このように、後向き帰納法によると、均衡戦略が一つのゲームを有限回繰り返した場合、均衡戦略を常に選ぶ戦略が部分ゲーム完全均衡となります。

COLUMN

ゲーム理論で見る北朝鮮の外交①

COLUMN

クリントン政権時代、北朝鮮が核開発を行っているのではないかという疑惑が高まっていました。

そして、アメリカは強硬政策をとって軍事制裁を加えるか、それとも交渉で解決するか、そして北朝鮮は強硬姿勢を貫いて核を開発し続けるか、それとも交渉に応じるかという事態にまで深刻化しました。これが、いわゆる北朝鮮の「核開発疑惑」問題です。

この両国の関係を単純化して数値で表したのが左ページの表です。両国が互いに強硬政策をとった場合には、戦争が起こるなどの深刻な事態が予想されるため、大きなマイナスで示してあります。

さてここで、あなたが北朝鮮のリーダーだとしましょう。表のような状況は「チキンゲーム」とも「囚人のジレンマ」(54ページ参照)とも解釈でき、あなたはジレンマに陥っています(チキンゲームとは、まっすぐな道で二台の車がお互いに向かい合い、合図とともにフルスピードでスタートさせ、どちらかが避けない限り正面衝突するしかないという状況で度胸試しをする危険なゲーム。このような状況において先に相手を避けた者は「チキン(臆病者、弱虫)」と

北朝鮮とアメリカの利得行列

北朝鮮の政策＼アメリカの政策	協調政策	強硬政策
協調政策	0、0 	1、−1
強硬政策	−1、1	−50、−10 

※左側は北朝鮮の利得、右側はアメリカの利得

呼ばれ、軽蔑の対象となる)。

北朝鮮とアメリカが互いに協調政策をとった場合、北朝鮮にとっては結局何の利得もないことになってしまいます。だからといって強硬姿勢を貫いてしまえば、それに対抗するアメリカも強硬姿勢に出て、国家の存亡にもつながりかねないほど深刻な事態に陥る可能性があります。北朝鮮のリーダーであるあなたは、この二つの選択の板ばさみとなってしまったのです。

このような状況において北朝鮮の立場を少しでも有利にするために、あなたはどのような戦略をとればよいでしょうか？

COLUMN

ゲーム理論で見る北朝鮮の外交②

COLUMN

北朝鮮とアメリカ間の状況が前ページの表のような場合、北朝鮮のリーダーとして自国の立場を少しでも有利にするために考えられる政策はいくつかあります。その中でも、核開発を続けていることを相手に匂わせて、絶対に強硬姿勢を崩さないということを明確にアピールする(この行為を「コミットメント」という)政策が有効といえるでしょう。

そもそものチキンゲームでは、双方が同時に選択肢を選ぶ「同時進行ゲーム」でしたが、これをコミットメントによって、双方が順番に選択肢を選ぶ「交代進行ゲーム」に変えてしまうのです。これをツリーの形で具体的に表すと図のようになります。

北朝鮮が先に核開発疑惑を高めるような行動をとって協調する可能性を消去してしまうと、アメリカの政策担当者は協調政策はないものとして考えなければなりません。そのため北朝鮮の強硬政策に対して協調するか、それとも自国も強硬政策をとるかの二つに一つしか選択の余地はなくなってしまうのです。この二つの政策を比べると、協調政策のほうがはるかに自国の損害(損益)が少ないため、結局は北朝鮮に対して協調政策をとらざるを得なくなります。

実際に、クリントン政権時代はITバブルによる好況もあり、安全保障よりも経済が優先さ

北朝鮮とアメリカのゲームの木

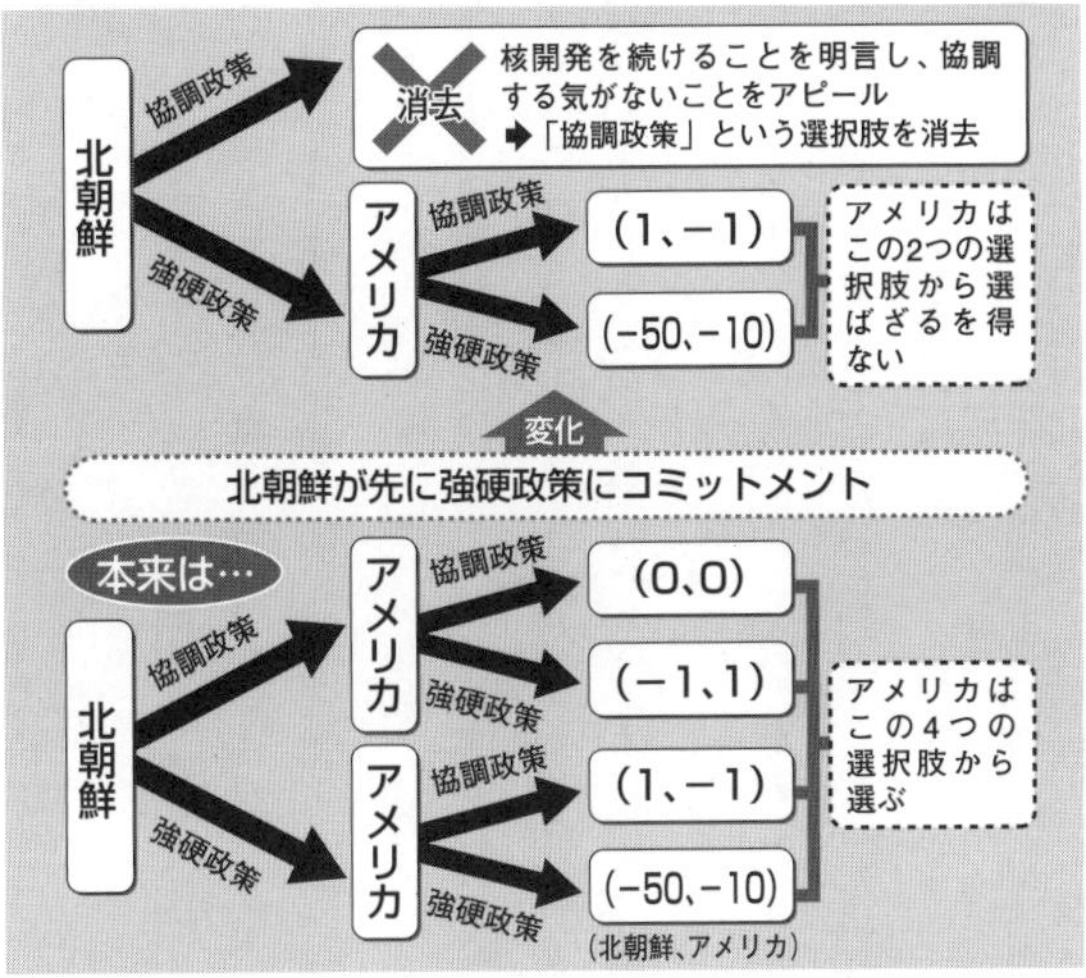

れたため、アメリカは北朝鮮に対して協調政策をとり続けました。北朝鮮が核開発の足かせとなるNPT（核拡散防止条約）から一方的に脱退しても、核兵器の原料となるプルトニウムを生み出す原子炉を廃棄させるために軽水炉の建設を約束したり、原油の援助も行ったりするという協調政策をとり続けたのです。

　チキンゲームのような同時進行型のゲームは、先に自分の立場を決めてしまい、そこから絶対に動かないとアピールすることによって、先行者が有利になるという「交互進行ゲーム」にしてしまうことができるのです。

ゲーム理論で見る外交

COLUMN

仮に、あなたがアメリカの大統領だとしましょう。アメリカ大統領として、二〇〇一年九月一一日のようなテロが二度と起こらないようにするにはどうすればよいでしょうか？

このケースでは、「アメリカはテロに対して徹底的に戦う」という姿勢を明確に打ち出して、強硬政策以外はあり得ないという「信用」を確立するのがよいでしょう。前コラムの北朝鮮のケース同様、強硬政策にコミットメントするわけです。

これによって、テロリストを支援している国家は前コラムにおけるクリントン政権のように選択肢が制限されるため、自国にとってより損害（損益）の少ない協調政策をとらざるを得なくなります。

さらに、ここでアメリカがテロ撲滅のためにアフガニスタンやイラクへ実際に軍隊を派遣して本格的な戦争をすることも効果的です。それにより、アメリカの強硬姿勢がいかに本気であるかという国際的な信用度が増すからです。

ゲームにおいては、この「信用」が非常に大事です。アメリカのケースでは、信用があればあるほどテロ支援国家を打倒しやすくなるからです。たとえばイラクへの武力攻撃は、サダム・

アメリカとテロ支援国家の利得

テロ支援国家の政策 ＼ アメリカの政策	協調政策	強硬政策
協調政策	0、0	−1、1
強硬政策	1、−1	−10、−50

※左側はアメリカの利得、右側はテロ支援国家の利得

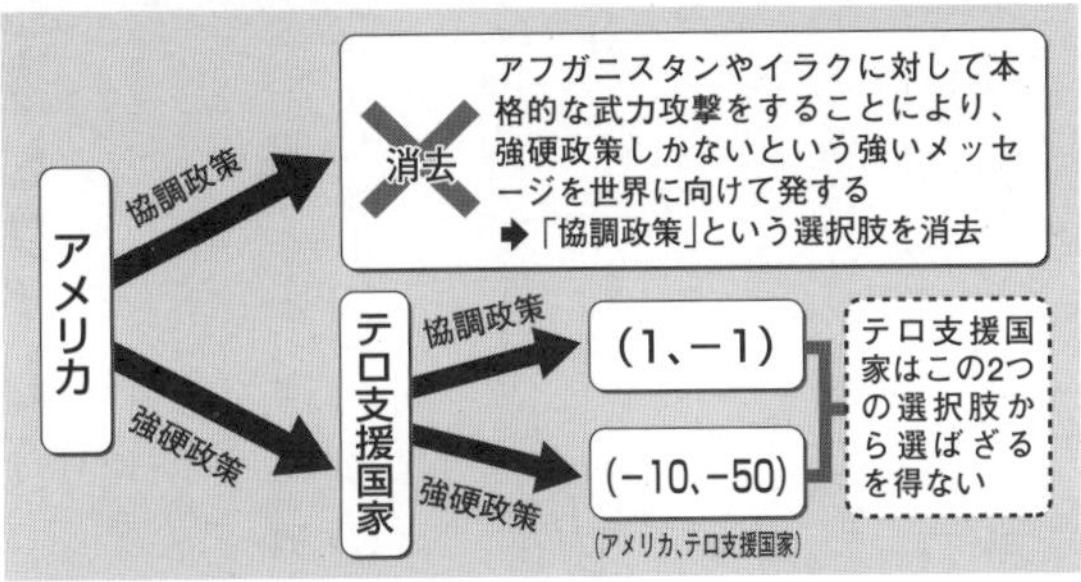

フセイン打倒という目的とともに、世界に対してアメリカの強硬政策における本気度合いへの信用を高める「プロパガンダ」の意味合いも強かったと思われます。

　ところで、前コラムにおける北朝鮮においては、自国の核開発を認めるなど、さらなる強硬政策を鮮明に打ち出しています。しかし、対するアメリカがこれまでの協調政策を変更して強硬政策をとることを明言している以上、今後は政策の転換も余儀なくされるかもしれません。

4-11 無限回繰り返しゲーム①

無限回繰り返しゲームとは、文字どおり無限に繰り返されるゲームのことをいいます。ただ、現実的にはゲームが何度も繰り返され、最終回がわからないゲームと考えることができます。

ゲームにおける第一期の利得、第二期の利得、第三期の利得……をａ1、ａ2、ａ3……とした場合、各期における利得の現在価値の総和は次のような式で表すことができます。

$a1 + a2\delta + a3\delta^2 + a4\delta^2 + a5\delta^2 + \cdots\cdots = a / (1 - \delta)$

δは、将来の利得に対する**割引因子**（Discount factor）です。

たとえば銀行の利益を考えた場合、将来の一〇〇万円と現在の一〇〇万円とでは価値が異なりますが、ゲーム理論においても同様に考えます。つまり、将来の利得を現在の利得と同じと考えることは適切ではなく、ゲームが無限回繰り返される場合には、将来の利得を割引因子によって割り引いて考える必要があるということです。そして割引因子は、金

無限回繰り返しゲーム①

現在の利得 100 ⟷ 将来の利得 100

同じではない!

将来の利得が、現在ではどれくらいの価値があるのか?

↓

割引因子（時の経過によってどれくらい利得が増すと考えられるか?）で割り引いて考える

例 何もしなくても1年で利得が1.5倍になる場合（割引因子=0.5）、2年後の利得が225ならば、それは現在では100と考えることができる

➡ $225 \div (1+0.5)^2 = 100$

利三%の定期預金の場合に三%＝〇・〇三となる（つまり一〇〇が一となる）ため、〇〜一の値をとります。

δ＝1÷（1＋r）という式を用い、rを割引率として各期の利得の現在価値を考えることもできますが、ここでは計算を簡単にするためにδを使います。各期における利得の現在価値の総和に「1－δ」をかけると一期あたりの利得「a」と等しくなります。これを**平均利得**（Average payoff）といいます。

4-12 無限回繰り返しゲーム②

138ページのケース16を無限回繰り返しゲームとして考えてみましょう。V航空とZ航空がともに航空運賃の「値上げ」を無限回選択し続けるとします。両社が値上げした際の増収見込は五〇億円なので、このときのV航空の利得合計は次の式で表すことができます。

$$50 + 50\delta + 50\delta^2 + 50\delta^3 + 50\delta^4 + \cdots\cdots = 50/(1-\delta)$$

よって、V航空の平均利得は五〇(億円)になります。

V航空とZ航空のナッシュ均衡となる戦略の組み合わせは、航空運賃の「値下げ－値下げ」でした。これは「値上げ－値上げ」によって両社ともより高い利得を実現できるにもかかわらず、「囚人のジレンマ」と同様に、より低い利得の組み合わせで均衡しています。

一度限りのゲームとなる囚人のジレンマでは、「黙秘－黙秘(協調－協調)」のほうが二人のプレーヤー(容疑者)にとって利得が高いのですが、ナッシュ均衡は「自白－自白(裏切り－裏切り)」となります。

無限繰り返しゲーム②

1度限りの囚人のジレンマ

➡ ナッシュ均衡：「裏切り-裏切り」

無限繰り返しゲームの囚人のジレンマ

➡ ナッシュ均衡：「裏切り-裏切り」「協調-協調」

無限繰り返しゲーム

=

今回の行動はその回だけではなく、それ以降の相手の行動も考慮して行動しなくてはならない
➡裏切りを防ぐインセンティブの発生

例 トリガー戦略、しっぺ返し戦略 etc.

しかし、無限回繰り返しゲームにおいては、二人のプレーヤーが「協調－協調」をとり続けることもナッシュ均衡となります。たとえば、初回に「協調」をとり、二回目以降は前期に相手と自分がともに「協調」をとっていれば「協調」をとり、「裏切り」ならそれ以降はずっと「裏切り」続けるという戦略があります。この戦略を**トリガー戦略**（Trigger strategy）といいます。トリガーは銃の引き金を指しますが、この場合は、ある「きっかけ」が引き金となって次の引き金を導いていくということを意味します。つまり、トリガー戦略とは、相手が一度でも「裏切り」戦略をとった場合は、自分も次回以降「裏切り」戦略をとり続けて相手を処罰するというものです。

4-13 無限回繰り返しゲーム③

トリガー戦略によると、囚人のジレンマにおいて毎回「協調－協調」が繰り返されます。また、トリガー戦略は無限回繰り返しゲームのナッシュ均衡であり、部分ゲーム最適となります。このような繰り返しゲームのナッシュ均衡は、均衡点から離脱したプレーヤーを処罰する戦略によって実現されます。

プレーヤーが相手プレーヤーを処罰するための基本的な方法としては**ミニマックス戦略**があります。ミニマックス戦略によって、相手のプレーヤーはミニマックス利得しか得ることができなくなります。プレーヤーの利得が、マックスミニ利得以上となる戦略の組み合わせは**個別合理的**であるといわれます。また、プレーヤーの利得がミニマックス利得を超える戦略の組み合わせは**強く個別合理的**であるといわれます。

プレーヤーの将来の利得に対する割引因子（δ）が十分大きいとき、つまりプレーヤーの将来の利得が現在の利得と同程度である場合、（強い）個人合理的な戦略の組み合わせは

無限回繰り返しゲームにおけるナッシュ均衡

138ページのケース16を無限回繰り返しゲームと考えた場合、割引因子が十分大きければ、V航空とZ航空がともに航空運賃を値下げするときの両社の利得（ミニマックス利得）である「1億円、1億円」以上の利得を与える両社の戦略の組み合わせはすべて「ナッシュ均衡」となる。

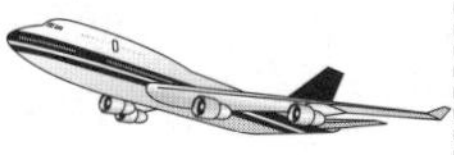

無限回繰り返しゲームにおけるナッシュ均衡となります。これは、割引因子が十分に大きい場合、自分または相手のプレーヤーが（強い）個人合理的な戦略を逸脱することによって、将来的にミニマックス利得しか得ることができなくなってしまうからです。無限回繰り返しゲームにおいて、個人合理的な戦略からの逸脱は、相手のプレーヤーの同様な個人合理的な戦略に対する最適反応戦略ではありません。

このように無限回繰り返しゲームでは、トリガー戦略によって、個別合理的となるさまざまな戦略の組み合わせにおいてナッシュ均衡が実現します。これを**フォーク定理**（Folk theorem）といいます。

4-14 チェーンストア・パラドックス①

多くの地域で事業展開するチェーンストアの各地域における新規参入業者に対する行動を考える際、チェーンストアの行動が非合理的であると思われることが日常見受けられます。このような矛盾した状況を説明したものが**チェーンストア・パラドックス**です。

【ケース17】

Dスーパーは郊外の駅前に店を構えており、多くの地元の住民に利用されています。数年前にできた大規模小売店舗で、良質の食品や雑貨をお手ごろ価格で販売しているため、地元では高い評判を得ています。そしてDスーパーの堅調な業績に注目したFショップは、Dスーパーの近所に大規模小売店舗を開店することを検討しています。

Dスーパーが Fショップの参入に対してとる対抗戦略は二つあります。一つは、自社の利益を犠牲にして商品価格を仕入コストまで下げてFショップと競争する戦略です。もう一つは、Fショップの参入を黙認して共存を図る戦略です。

Fショップとスーパーの利得行列

Fショップの戦略 ＼ Dスーパーの戦略	競争戦略	共存戦略
Dスーパーの商圏に参入する	0円、0円	1000万円、1500万円
Dスーパーの商圏に参入しない	0円、2000万円	0円、2000万円

※左側がFショップの利得、右側がDショップの利得

ケース17における部分ゲームは、Fショップ参入後のDスーパーの意思決定の点を含む情報集合以降の部分ゲームと、Fショップが参入を思いとどまった後におけるDスーパーの意思決定の点を含む情報集合以降の部分ゲームである。後者の部分ゲームにおいては、Dスーパーの意思決定にかかわらずFショップの利得は0円、Dスーパーの利得は2000万円となる。

一方、Fショップのとり得る戦略は二つです。Dスーパーの商圏に参入する戦略と参入しない戦略です。Fショップが Dスーパーの商圏に参入して、Dスーパーが競争戦略をとったときのFショップとDスーパーの利得は、ともに0円です。FショップがDスーパーの商圏に参入して、Dスーパーが共存戦略をとったときのFショップとDスーパーの利得は、それぞれ一〇〇〇万円と一五〇〇万円です。なお、Fショップが参入を思いとどまった場合のFショップとDスーパーの利得は、それぞれ〇円と二〇〇〇万円です。

このような状況で、FショップとDスーパーはどのような行動を選択するでしょうか？

4-15 チェーンストア・パラドックス②

ケース17を展開形ゲームとしてとらえ、後向き帰納法によってFショップとDスーパーの最適反戦略を考えてみましょう。

まず、下の部分ゲーム（Fショップ参入後のDスーパーの戦略）を考えます。この部分ゲームにおいてDスーパーの最適反応戦略は「共存」戦略です。Dスーパーは「競争」戦略の利得〇円に対して、「共存」戦略によって利得一五〇〇万円を得ることができます。上の部分ゲーム（Fショップ不参入後のDスーパーの戦略）では、Fショップが参入しないため「競争」も「共存」もないので、まとめて考えます。このときのDスーパーの利得は二〇〇〇万円です。

次にFショップの戦略を考えます。FショップがDスーパーの商圏に参入したときの同社の利得は一〇〇〇万円になります。これはFショップが参入を選んだ場合、DスーパーがFショップ利得の最大化のために「共存」を選ぶためです。また、上の部分ゲームにおけるF

Fショップと Dスーパーのゲームの木

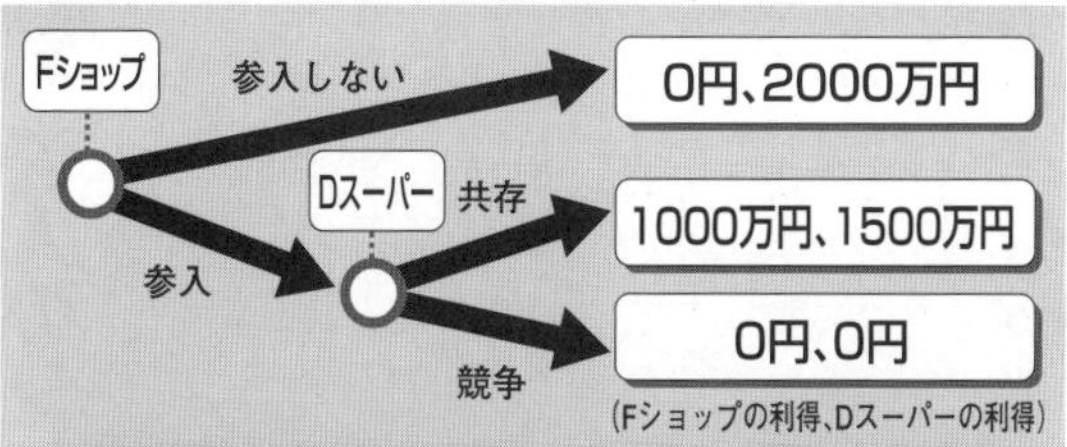

チェーンストア・パラドックス＝企業は合理的に行動するとは限らない

損失を覚悟で価格を引き下げることにより、既存の競争業者が新規参入業者に対抗することもよくある。このような既存の競争業者の行動は、新規参入業者に対して別の地域での参入を思いとどまらせる効果があると考えられる。また、意思決定における推論能力の制約などによる限定合理性なども要因として考えられる。そのほかにも新規参入によって経営陣や社員の競争心が高まったり、労働のモチベーションが刺激されたりすることなども要因として考えられる。

ショップの利得は、事業を始めないわけですからDスーパーの行動にかかわらず〇円になります。したがって、Fショップは一〇〇〇万円の利得をもたらす「参入」戦略を選びます。

このFショップとDスーパーによる「参入、共存」という戦略の組み合わせは、お互いの戦略に対する最適反応戦略になっているためナッシュ均衡となります。

このような一般的な状況において、新規参入業者と既存の競争業者との間には、新規参入業者は常に「参入」を選び、既存の競争業者は常に「共存」を選ぶことが合理的だと考えられます。しかし、現実の社会ではこのように企業が合理的に行動するとは限りません。これが**チェーンストア・パラドックス**です。

4-16 囚人のジレンマにおける最良の戦略

実生活においても囚人のジレンマのような状況があることは先に述べたとおりです。しかし、人間関係を見るのであれば、囚人のジレンマは一回限りではなく、何回も繰り返されるものを想定しなくてはなりません。では、繰り返しゲームとしての囚人のジレンマにおいては、どのような行動をとることが望ましいのでしょうか？

【ケース18】

戦争中、Z国では捕虜を集めてあるゲームが行われました。二人一組となって、それぞれ「天使カード」と「悪魔カード」が一枚ずつ渡されます。同じ組になった二人の捕虜は自分の選んだカードを同時に出し、両者が天使カードなら三万円、一方が悪魔カードなら出したほうが五万円、天使カードを出したほうは〇円、両者が悪魔カードなら一万円の現金がもらえるというルールです。このゲームは二〇〇回行われ、終了時の合計額が六〇〇万円以上なら釈放され、現金もそのままもらうことができます。しかし、六〇〇万円に一

捕虜AとBの利得行列

Bのカード／Aのカード	天使カード	悪魔カード
天使カード	3万円、3万円	0円、5万円
悪魔カード	5万円、0円	1万円、1万円

※左側が捕虜Aの利得、右側が捕虜Bの利得

円でも足りなければ現金はすべて没収。釈放もありません。

このゲームの必勝法は、常に二人が天使カードを出し続けることです。そうすれば、二人とも無事に現金六〇〇万円をもらって釈放されます。しかし、これはあくまでも二人が常に協力し合うことができれば、の話です。二人のうち一方でも「もっとたくさんお金が欲しい」と考えて悪魔カードを出すようなことがあれば、もう一方はこのまま天使カードを出し続けていると六〇〇万円に届かないため、悪魔カードを出し始めてしまいます。そうなれば結局、悪魔カードの応酬となって、二人とも釈放される望みはなくなってしまいます。まさに囚人のジレンマなのです。

4-17 しっぺ返しこそ最良の手

協調したほうがいいのか、それとも裏切ったほうがいいのか——この答えを探すべく、あるときアメリカのミシガン大学の政治学教授、バート・アクセルロッドが「囚人のジレンマ」選手権を行いました。

この選手権は、コンピュータにプログラムを組み、状況によって裏切りか協調かの戦略を決めるもので、一試合で各出場者が囚人のジレンマゲームを二〇〇回戦い、総得点の平均を競いました。具体的な点のつけ方は図のとおりです

たとえばAが裏切り、Bが協調したときの数字は「五－〇」となっていますが、これはAが五ポイントを得て、Bはポイントなしであることを表しています。

さて、このゲームで優勝したプログラムの戦略は、次のとおり、極めてシンプルなものでした。

①最初は協調する

囚人のジレンマゲームの点数表

Bの戦略／Aの戦略	協　調	裏切り
協　調	3、3	0、5
裏切り	5、0	1、1

※左側がAの利得、右側がBの利得

②相手が協調すれば、次回は自分も協調する
③相手が裏切れば、次の回は自分が裏切る

名づけて、**しっぺ返し**（Tit for tat）戦略です。非常におとなしい戦略ですが、総合的にはこれが一番強かったのです。

では、具体的に見てみましょう。

AとBの獲得点数の合計から最も理想的な「両者がずっと協調する」というケースにおける両者の獲得ポイントを引いた値を示したのが次ページの表です。Aがしっぺ返し戦略を使う場合にBが裏切ると必ずその応酬になり、理想の状態から離れて、どんどん利得が下がっていくのがよくわかるでしょう。そのためBは裏切り戦略を放棄せざるを得ず、結局は協調したほうがBにとって得になります。

4-18 「裏切り」が社会全体の利得を減らす

いま、Bが左の表のような戦略をとったとします。Aがしっぺ返し戦略をとるとき、Bの戦略に対してAがどのような戦略をとるかを確かめてください。

Aの戦略	Bの戦略
C	C
C	C
C	C
C	D
D	D
D	D
D	D
D	C
C	C
C	C
C	D
D	D
D	D
D	D
D	D
D	D
D	D
D	C
C	C
C	C

※C＝協調、D＝裏切り

回数	Aのポイント	Bのポイント	AとBの合計	両者協調のとき
1	3	3	6	6
2	3	3	12	12
3	3	3	18	18
4	0	5	23	24
5	1	1	25	30
6	1	1	27	36
7	1	1	29	42
8	5	0	34	48
9	3	3	40	54
10	3	3	46	60
11	0	5	51	66
12	1	1	53	72
13	1	1	55	78
14	1	1	57	84
15	1	1	59	90
16	1	1	61	96
17	1	1	63	102
18	5	0	68	108
19	3	3	74	114
20	3	3	80	120

「裏切り」が社会全体の利得を減らす

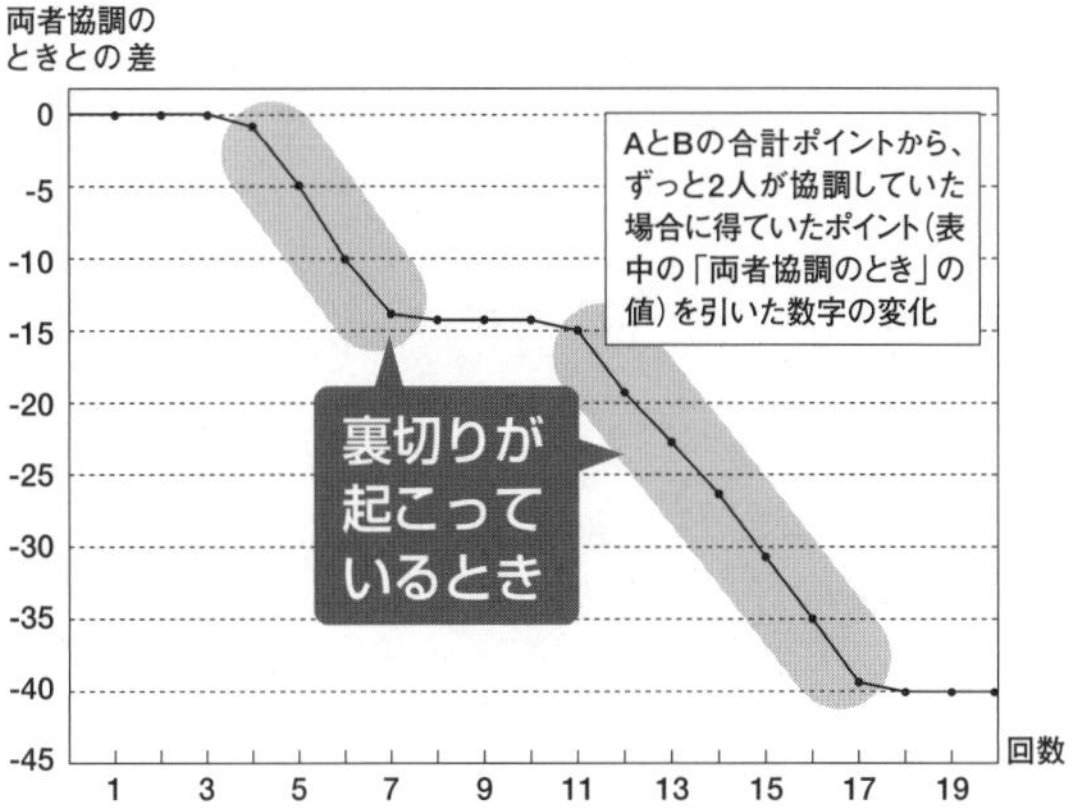

右表のAとBの合計利得をグラフに表したのが上図です。

グラフを見ると、第四回から第七回まで、第一一回から第一七回までで、それぞれ急激に全体の利得が低くなっていくのが見て取れるでしょう。この間はちょうどBが裏切り戦略をとったため、裏切りの応酬が行われているときなのです。

これにより、一度誰かが裏切りを始めたならば、社会全体の利得が急速に減っていくことがわかるでしょう。そして、これはビジネスの世界にもあてはまります。一度どこかの企業が値下げを行えば、それに追従して他社も値下げを始め、結局その業界全体の企業の利得が下がっていってしまうのです。

第5章
情報不完備ゲーム

5-1 プレーヤー間における情報の隔たり

前章までは、各プレーヤーが共通の情報を有していることを前提として各理論を事例中心に説明してきました。ここからはもう少し現実に即した形として、各プレーヤーに情報の隔たりがある場合を考えてみましょう。

これまではゲームのルールやプレーヤーのタイプ、戦略、利得などに関して、完全に知り尽くしていることを前提に、相手がどう行動するのかを予測してきました。将棋や囲碁の世界では、各プレーヤーが共通の情報を持っていることが前提となっているからです。しかし、現実のビジネスでは各プレーヤーには情報は平等には与えられていないことのほうが多いのです。

たとえば、実際に経営を行っている経営者と、資金を提供して経営報告を定期的に受けている株主では、その企業に関する情報には差が出てきます。また、資金調達を試みる経営者と資金提供者の候補であるベンチャーキャピタルでは、企業情報に関して隔たりがあ

情報の隔たり

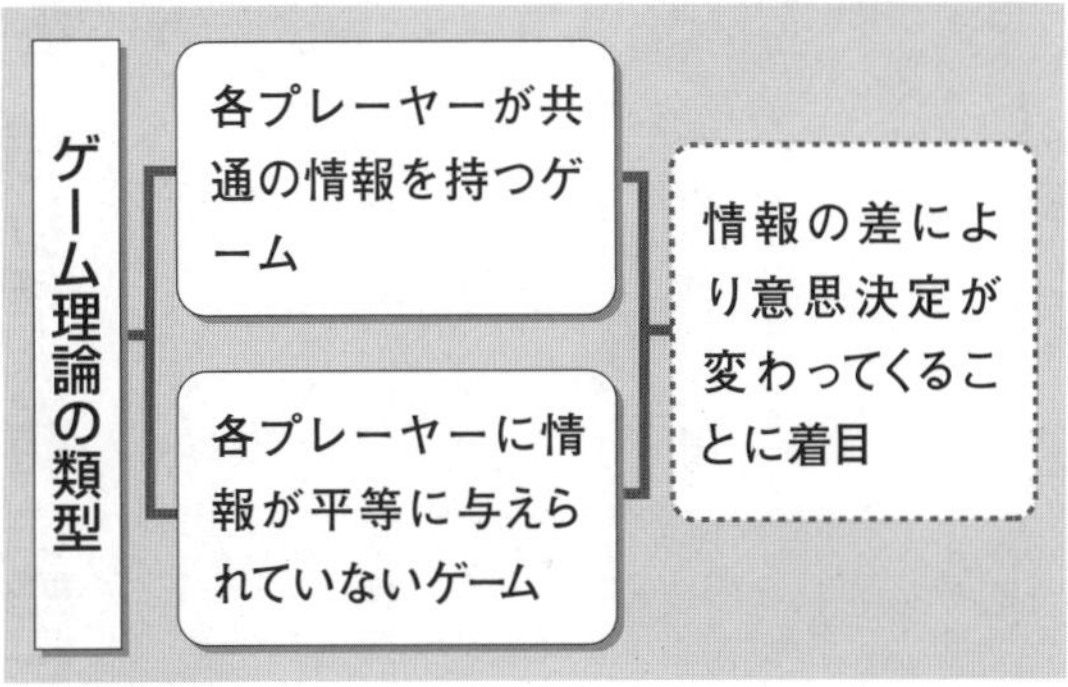
ゲーム理論の類型
各プレーヤーが共通の情報を持つゲーム
各プレーヤーに情報が平等に与えられていないゲーム
情報の差により意思決定が変わってくることに着目

情報とは… ゲームのルール、プレーヤーのタイプ、戦略、利得など

ります。

　そのほかにも製品・サービスの提供者である売り手とその買い手、求職者と求職者の面接を行う企業など、プレーヤー間に情報の隔たりがある例を挙げればきりがありません。

　重要なのは、こういった「プレーヤー間における情報の差」がどのような意味を持つのかを考えることです。各プレーヤーの情報が異なれば当然、その意思決定も変わってくるからです。これが理解できれば、実際の交渉の場や経営戦略・戦術を立案する場面などにおける意思決定や相手に与えるべき情報を取捨選択していく際に、情報の差を大いに活用・応用していくことができるのです。

5-2 売り手と買い手に情報の隔たりがある場合①

英語研修事業を営むM社があります。M社では、アメリカ人を講師として、一クラス一五名ほどの生徒を相手に一人の講師がレッスン（三日間）を行います。M社は法人向けのサービスを行っており、個人向けの講座は開講していません。

近年、経済のグローバル化による英語学習ブームの到来により法人から講座の依頼が殺到しています。M社は、従来は紹介により講師を採用していましたが、それでは間に合わなくなったため、日刊新聞により講師募集をするようになりました。それによって優秀な講師が五〇％、優秀でない講師が五〇％といったバラつきが出るようになりました。

講師としての採用には一レッスンあたり優秀な講師で一四〇万円、優秀でない講師で九〇万円かかります。M社の担当者はこの道のベテランであり、講師の採用面接を行っただけでその人が優秀かどうかを見抜くことができます。もちろん、顧客である企業も事前に催される無料オープン講座（三〇分間）に出席すれば、その講師が優秀であるか否かは把

事例の概要

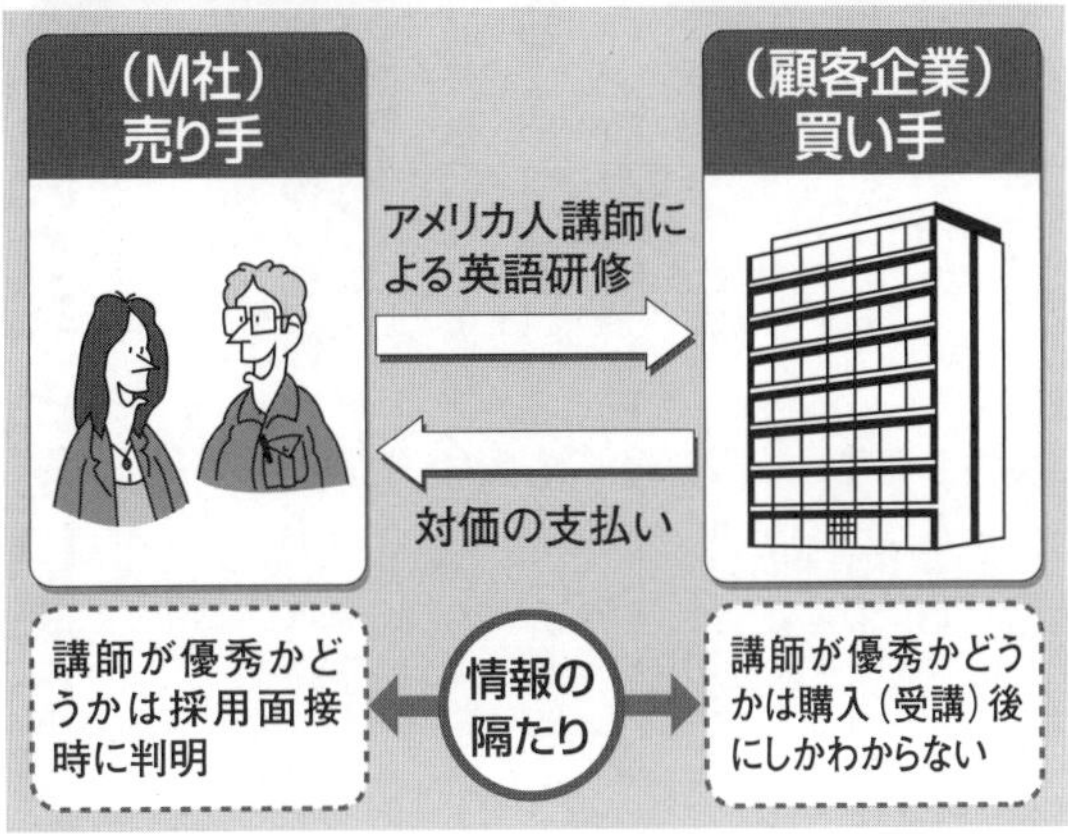

握することができます。しかし、M社が優秀でない講師に対して丸一日講師特訓を施すことによって、三〇分という短い時間の無料オープン講座では一見、優秀な講師と区別がつかないように見せることができます。ただし、本質的にはなんら変わりはなく、この一日講師特訓で優秀でない講師の価値が九〇万円よりアップすることはありません。

もちろんM社にとっても、できの悪い講師に丸一日特訓を施すためのコストはかかります。しかし、M社には品質保証制度がありません。そのため、依頼先企業に優秀でない講師を「優秀な講師」として購入させてしまうことができれば、低い原価で高い収益を上げられる可能性があります。

5-3 売り手と買い手に情報の隔たりがある場合②

買い手である企業は、近年の英語学習ブームによる圧倒的な需要超過によって、英語研修を事業とする会社は講師不足であることを明らかに知っています。そして顧客である企業が研修をM社に依頼したときの価値は、優秀な講師であれば一五〇万円、優秀な講師でなければ一〇〇万円であることも判明しています。そのため、顧客企業の利得はこの利用価値の金額から購入価格を差し引いたものになります。また、講師としての採用にかかる費用（原価）も顧客である企業は知っています。

ところで、M社は自分の利得を最大にしようと考えています。そして、顧客企業が優秀な講師であれば一五〇万円、優秀な講師でなければ一〇〇万円を限度に支払ってくれることが同社にはわかっています。よってM社は価格に関して、事前に催される三〇分間の無料オープン講座に顧客企業が出席し、優秀でない講師を優秀であると取り違えてくれそうなときは一五〇万円、優秀でないことを見破られそうなときは一〇〇万円という価格を設

売り手と買い手に共通している情報

講師の確率	優秀な講師50％、 優秀でない講師50％
原　　価	優秀な講師140万円、 優秀でない講師90万円
利用価値	優秀な講師150万円、 優秀でない講師100万円
1日講師特訓	優秀でない講師に特訓を施すことにより、一見優秀な講師と区別がつかないように見せることができる（本質的な利用価値は変わらないが、事前の無料講座では顧客にはそのことがわからない）

定しようと考えています。

この場合、サービスの売り手であるM社と買い手である顧客企業間で隔たりがある情報は、講師が優秀であるか優秀でないかという情報だけです。そのほかの情報はM社と顧客企業との間ですべて共通していると考えてよいでしょう。

そこで、M社の英語研修部門の長であるあなたは、優秀な講師を受け入れた場合と優秀でない講師を受け入れた場合とで、どのような価格設定をするべきでしょうか？　なお、その際には、買い手のことも考慮に入れて価格設定しなければなりません。

5-4 解説① ～自然～

この事例のように、製品・サービスの売り手が買い手よりも製品やサービスに関する情報を多く保有することはよくあります。本事例は**交互進行ゲーム（展開型ゲーム）**なので、各プレーヤーのとるべき行動を**ゲームの木**によって表現します。この際、これまでの各々のプレーヤーとは別に、非常に重要なプレーヤーとして**自然**が登場してきます。

「自然」は、採用される講師が「優秀である」か「優秀でないか」を決定します。そこからゲームが始まるのです。講師が「優秀である」確率は五〇％、「優秀でない」確率は五〇％です。「自然」が決定することは各プレーヤーには制御できません。この確率で、優秀である講師とそうでない講師が受け入れられるということです。

情報優位であるのは講師の面接を行っているM社（売り手）で、情報劣位であるのは買い手である顧客企業です。そしてM社は、「自然」が連れてきた講師が「優秀である」か「優秀でない」かの判断が確実につくものとします。

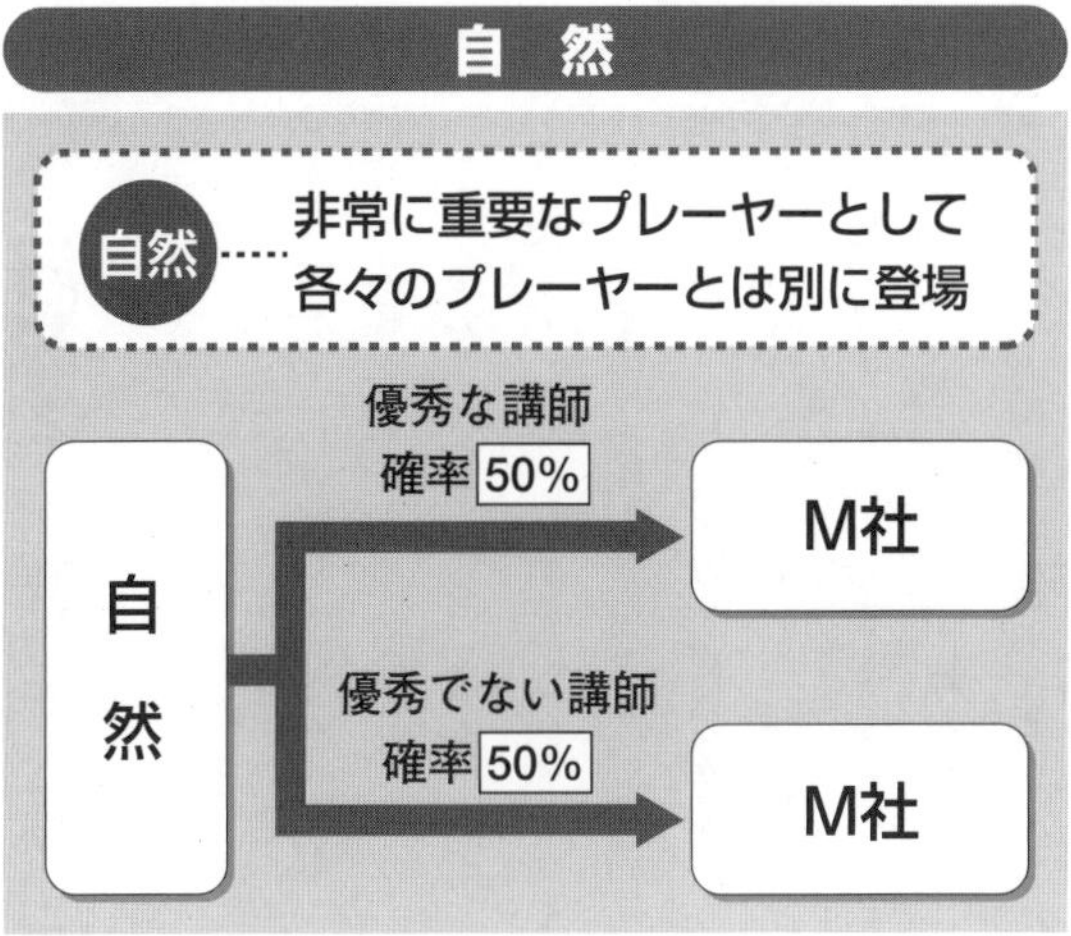

この場合、M社は、もし「自然」が連れてきた講師が「優秀である」ならば、自信を持って買い手に送り出すことができます。そして、もし「自然」が連れてきた講師が「優秀でない」ならば、そのまま「優秀でない」講師として正直に低価格で提供することもできる一方で、丸一日特訓を施すことにより「優秀である」講師としての化粧を施して、買い手に送り出すこともできます。ただ、ここで問題なのは、この化粧にはコストがかかるということです。このコストを頭文字を取って「C」としましょう。この化粧は講師の本質的な価値を増加させることはありませんが、買い手は実際にレッスンを依頼して受講した後でなければ優秀であるかどうかはわかりません。

5-5 解説②～売り手と買い手の利得～

この事例においてポイントになるのは、アメリカ人講師による英語レッスンの買い手である研修の依頼企業がわからない情報が「送られてくる講師が〝優秀である〟か〝優秀でない〟か」ということです。「優秀でない」講師に化粧を施すコスト「C」、「優秀である」講師と「優秀でない」講師を「自然」が連れてくる確率など、講師の優秀さに関する情報以外は、買い手の依頼先企業はすべて周知のこととします。

まず、売り手と買い手の利得を考えてみましょう。

買い手である研修の依頼企業は、購入金額が講師の本来の利用価値プラス一〇万円までであれば必ず購入するとします。これは買い手の満足度がその金額であることを意味します。つまり、「優秀である」講師のレッスンであれば、本来の利用価値一五〇万円＋一〇万円である一六〇万円分、「優秀でない」講師であれば、本来の利用価値一〇〇万円＋一〇万円である一一〇万円分が買い手の満足感といえます。そして、買い手の利得はその満足感

化粧のための丸1日講師特訓に要するコストが「C」の場合

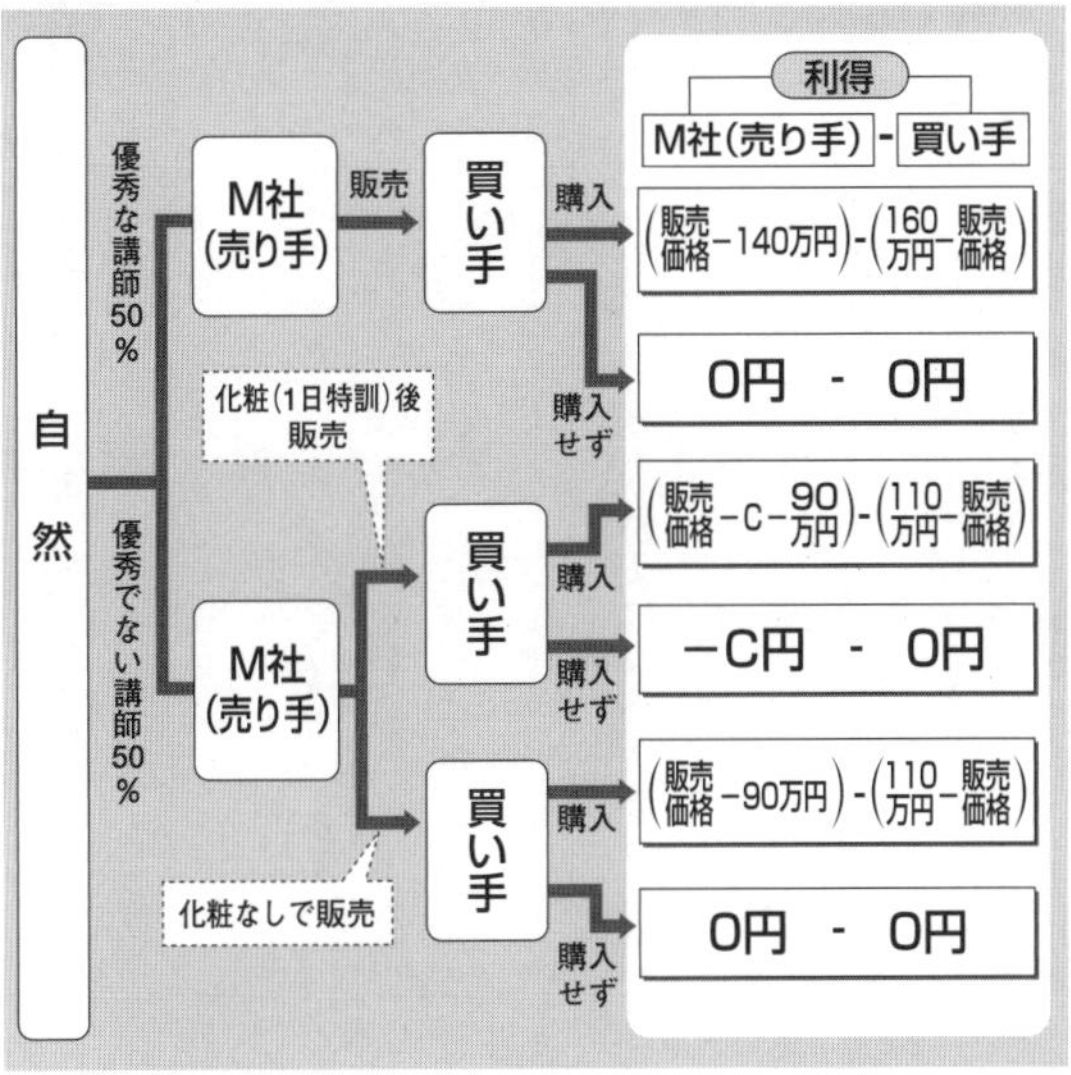

から購入金額を差し引くことによって求めることができるため、「優秀である」講師、「優秀でない」講師のレッスンを受けた場合の利得は次のようになります。

①「優秀な」講師のレッスンの利得：一六〇万円－購入価格

②「優秀でない」講師のレッスンの利得：一一〇万円－購入価格

一方、売り手であるM社の利得は、販売価格から講師に支払う講師料（原価）を差し引くことによって求めることができます。

以上の関係をゲームの木で表わすと図のようになります。

5-6 解説③ ～特訓コストが八〇万円の場合〈その1〉～

もし、「優秀でない」講師を三〇分間の無料オープン講座の間だけ「優秀である」講師に見せるために、丸一日講師特訓を行うコストが八〇万円かかるとすれば、M社の事業部長であるあなたは、そのコストをかけてまで「優秀でない」講師を「優秀である」講師に見せようとはしないでしょう。それは、ゲームの木を見れば明らかです（図参照）。

買い手にとって、販売価格は「優秀である」講師に関しては一六〇万円、「優秀でない」講師に関しては一一〇万円が上限となります。これらの金額を上回った場合、買い手の利得はマイナスになってしまい、購入しない場合の利得〇円を下回ってしまいます。

たとえば売り手であるM社が、「優秀でない」講師を「優秀である」講師に見せかけ、買い手の「優秀である」講師の購入価格の上限である一六〇万円で買い手に販売したとします。この場合、丸一日講師特訓のための経費が八〇万円かかるため、M社の利得は次のようになります。

化粧のための丸1日講師特訓に要するコストが80万円の場合

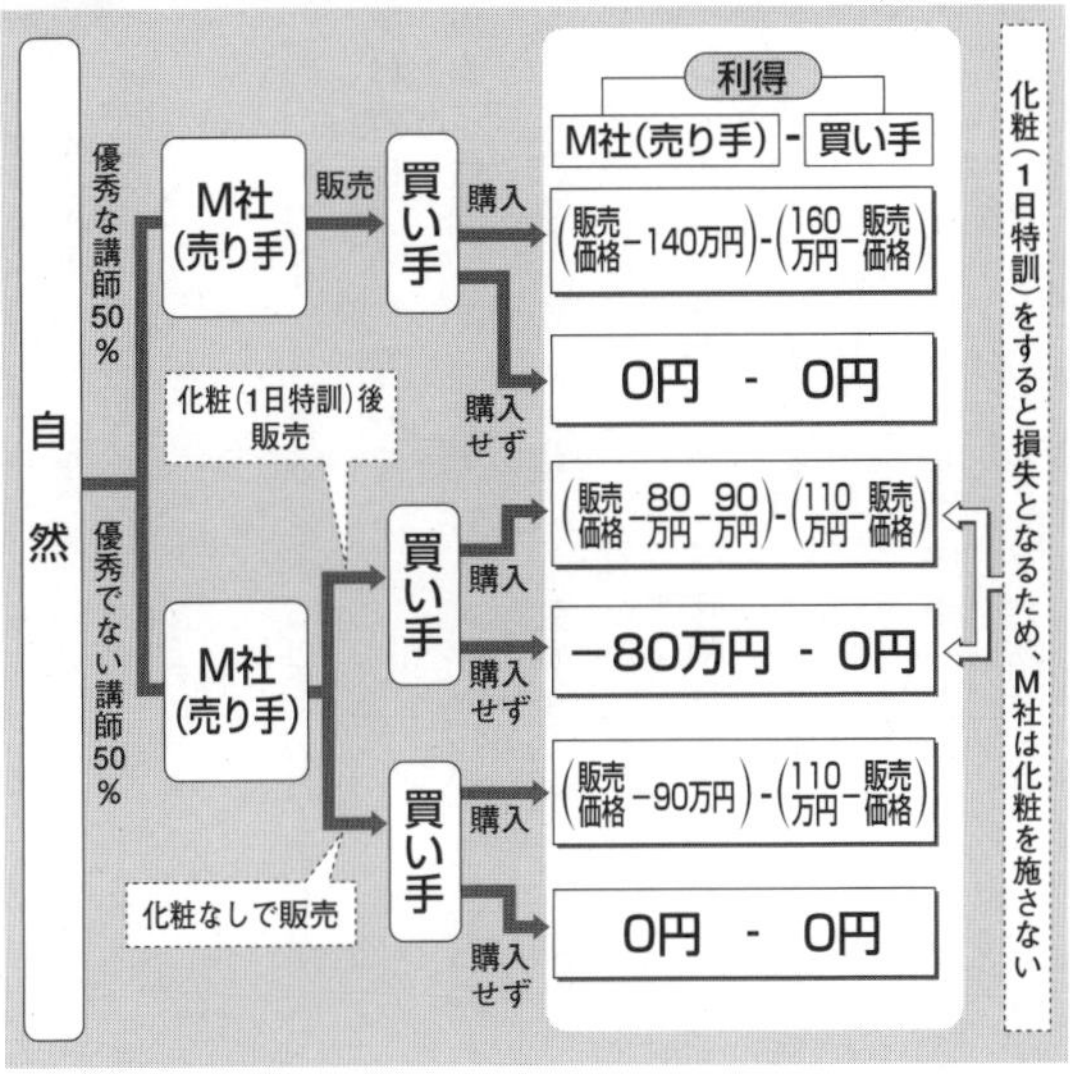

M社の利得＝販売価格一六〇万円
－丸一日講師特訓費用八〇万円
－講師に支払う原価九〇万円＝
－一〇万円

この場合、丸一日講師特訓をしたために損失となってしまいます。

つまり、丸一日講師特訓の費用が七〇万円を超えるとM社は利得を得ることができずに損失となるため、化粧を施さずに「優秀でない」講師を正直に「優秀でない」講師として提供したほうが利得を得ることができるわけです。

次項では、M社の利得を最適とする戦略を見ていきます。

5-7 解説④ ～特訓コストが八〇万円の場合〈その2〉～

化粧のための丸一日講師特訓に要するコストが八〇万円の場合、M社の利得を最適にする戦略は次のようになります。

①講師が「優秀である」場合…販売価格一六〇万円と設定する
②講師が「優秀でない」場合…化粧を施さず、販売価格を一一〇万円と設定する

一方、買い手も、この売り手の利得を最適にする戦略を予測することができます。なぜなら、買い手は「優秀である」講師と「優秀でない」講師の利用価値と、「優秀でない」講師を「優秀である」講師に見せかけるための一日講師特訓のコストに関する情報を持ち合わせているからです。

そのため、買い手は販売価格が一六〇万円と設定されていればそのレッスンが「優秀である」講師によるものであると判断することができ、安心して一六〇万円を支払って付加価値の高いレッスンを受講することができます。よって買い手の利得最適戦略は次のよう

化粧コストが80万円の場合のM社と買い手の利得最適化戦略

M社(売り手)の利得最適化戦略

講師が「優秀である」場合：販売価格160万円と設定

講師が「優秀でない」場合：化粧を施さず、販売価格を110万円と設定

↓

買い手はM社の戦略を予測し、以下の利得最適化戦略をとる

販売価格が160万円のとき：「講師が優秀」だから160万円で購入する

販売価格が110万円のとき：「講師が優秀でない」から110万円で購入する

になります。

①販売価格が一六〇万円のとき…「講師が優秀」だから一六〇万円で購入する

②販売価格が一一〇万円のとき…「講師が優秀でない」から一一〇万円で購入する

以上のように、各プレーヤーの行動が「自然」があらかじめ選んだ状況に応じて異なった行動となる場合を**分離均衡**といいます。なお、ここでいう「〝自然〟があらかじめ選んだ状況」とは、「優秀である」講師と「優秀でない」講師の本来の利用価値のことをいいます。

次項では、「優秀でない」講師を「優秀である」講師に見せかける丸一日講師特訓費用が安い場合について考えます。

5-8 解説⑤ ～特訓コストが三〇万円の場合〈その1〉～

前項では丸一日講師特訓費用が八〇万円かかる場合を想定しましたが、では、この費用が三〇万円だった場合はどうなるでしょうか?

ゲームの木で表わすと図のようになります。

ポイントは、「優秀でない」講師に一日講師特訓という化粧を施し、「優秀である」講師に見せかけて販売する場合です。化粧を施して一六〇万円でレッスンを販売することができれば、販売価格一六〇万円－特訓費用三〇万円－原価九〇万円で、四〇万円の利得を得ることができます。これは、化粧を施さず正直に「優秀でない」講師を「優秀でない」講師として販売する場合の利得二〇万円（販売価格一一〇万円－原価九〇万円）よりも多くの利得を得ることができるわけです。よってこの場合のM社の利得最適化戦略は次の二つになります。

①講師が「優秀である」場合…販売価格一六〇万円と設定する

化粧のための丸1日講師特訓に要するコストが30万円の場合

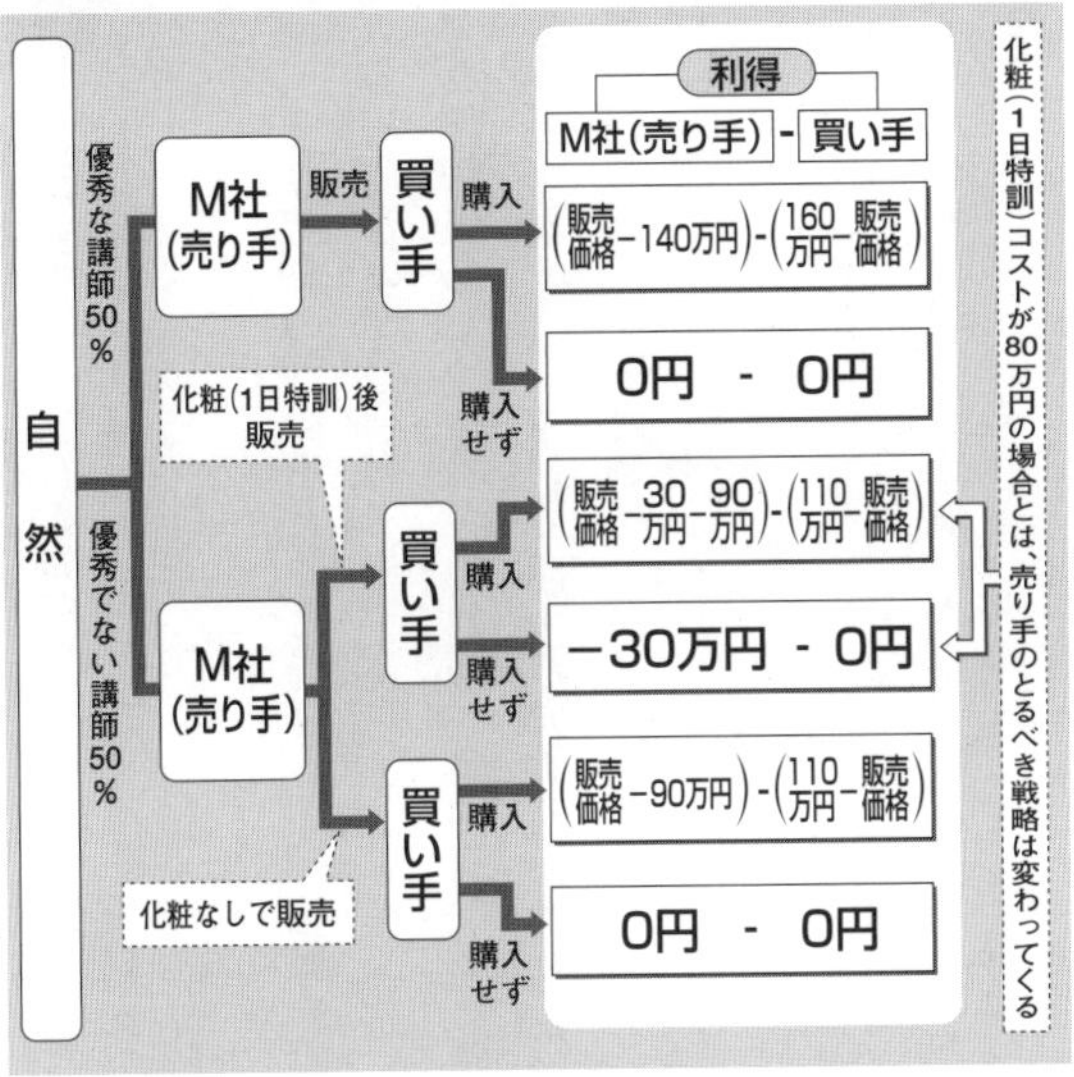

②講師が「優秀でない」場合…化粧を施して、「優秀である」講師を装って販売価格を一六〇万円と設定する

しかし、M社がこのような行動に出ることは、買い手には容易に予想がつきます。そのため、五〇％の確率で「優秀でない」講師が混ざっている以上、一六〇万円を容易には払ってくれないでしょう。買い手が英語研修を購入するかどうかは、それぞれの行動をとった場合の期待利得を比較して決まることになります。次項では、期待利得を算出していきます。

5-9 解説⑥ ～特訓コストが三〇万円の場合〈その2〉～

では、それぞれの行動をとった場合の期待利得を計算しましょう。

①購入する場合の期待利得

優秀な講師にあたった場合の利得×確率五〇％＋優秀でない講師にあたった場合の利得×確率五〇％＝（一六〇万円－販売価格）×五〇％＋（一一〇万円－販売価格）×五〇％＝一三五万円－販売価格

②購入しない場合の期待利得

〇円

よって買い手は、販売価格が一三五万円以下でないと購入しないことになります。つまり、買い手の戦略は「販売価格が一三五万円以下のときに英語研修を購入する」というようになるのです。

一方、売り手であるM社は、この買い手の戦略を予想することができるため、「講師の優

コストが30万円の場合のM社の利得最適化戦略

買い手の期待利得

①購入する場合の期待利得
優秀な講師にあたった場合の利得×確率50％＋優秀でない講師にあたった場合の利得×確率50％
＝(160万円－販売価格)×50％＋(110万円－販売価格)×50％
＝135万円－販売価格
②購入しない場合の期待利得
0円

↓

買い手の利得最適化戦略

販売価格が135万円以下のときに英語研修を購入

↓

買い手の利得最適化戦略

「優秀である」講師のとき：販売しない
「優秀でない」講師のとき：化粧を施し「優秀である」講師を装って160万円で販売する

秀さ」にかかわらず一六〇万円という価格設定をするという最適化戦略を採用することができなくなります。M社は、自社の研修を売るためには一三五万円で販売する必要がありますが、これでは「優秀である」講師を送り込んだ際、五万円の損失（＝販売価格一三五万円－「優秀である」講師の原価一四〇万円）となってしまいます。そこで、M社は次のような戦略をとることになります。

①「優秀である」講師のとき…販売しない
②「優秀でない」講師のとき…「優秀である」講師を装い、一六〇万円で販売する

しかし、このような売り手の戦略も買い手に読まれることになります。次項では、いよいよ最終的な点を述べていきましょう。

5-10 解説⑦ ～逆選択と阻止方法～

前項の売り手の戦略は買い手に当然読まれることになり、優秀でない講師しか送り込んでこないことがわかってしまえば、買い手は一六〇万円など出すはずがありません。そして、「優秀でない」講師に対し、「一一〇万円以下の価格設定であれば購入する」という戦略をとることになるため、売り手であるM社は次の戦略に落ち着くことになります。

①「優秀である」講師のとき…販売しない
②「優秀でない」講師のとき…一一〇万円で販売する

お気づきの方もいるでしょうが、「優秀である」講師は、買い手が「優秀である」か「優秀でないか」を判断することができないため販売されないことになってしまうわけです。このように、情報が隔たることによって最終的に品質が劣っているものだけが市場で取引きされてしまう現象を**逆選択**といいます。

逆選択の問題点は、情報の隔たりからプレーヤーの懐疑心を湧き立たせて市場価格を引

逆選択とその防止方法

逆選択

情報が隔たることによって、最終的に品質が劣っているものだけが市場で取り引きされてしまう現象

逆選択の阻止方法

「不良なもの」が「優良なもの」を装うためのコストを引き上げる

（事例では、「優秀でない」講師を「優秀である」講師のように見せかけるための1日特訓費用のコストを引き上げる）

き下げることにより付加価値の高い商品が市場から消え、市場を縮小させるという現象を引き起こす可能性があることです。それを阻止するためには、たとえばM社に品質保証や損害賠償条項を付加するなどの対策を行う、つまり化粧を施すコストを引き上げればよいわけです。具体的には、品質保証や損害賠償によって一日講師特訓の費用が八〇万円である場合に同様のシチュエーションができあがり、部分均衡（一つの商品について需要と供給が一致すること）を達成することができます。近年、問題となっている粉飾決算について、そのペナルティーを引き上げることなどにより、優良な企業の株価が高く保たれるという現象も、この理論で説明できるといえます。

5-11 その他のゲーム理論 ～協力ゲーム～

これまで、多数のゲーム理論とその活用法を紹介してきましたが、これらはすべて**非協力ゲーム**と呼ばれているものです。非協力ゲームとは、各プレーヤーが事前に話し合いを持たずに、各々の戦略を自ら決定することを前提にしています。

これに対して、**協力ゲーム**と呼ばれるものがあります。これは各プレーヤーの協力を前提にしてプレーヤーの連携の行動を分析するゲームのことをいいます。

ところで、経営戦略の基本中の基本である「自社の事業領域における持続的な競争優位を構築する」方法としては、大きく分けて次の二つが挙げられます。

①優れた資産や特徴的な能力を保有して、競合との間で有利に戦略を選択していく

②他社と戦略的な連携を築き、自社の持つ既存の優位性の源泉をさらに強化していく

まさに、前者が非協力ゲームと対応し、後者が協力ゲームと対応しているといえるでしょう。このように、非協力ゲームと協力ゲームは非常に重要な概念なのです。

非協力ゲーム・協力ゲーム

非協力ゲーム

各プレーヤーが事前に話し合いを持たずに、各々の戦略を自ら決定することを前提にしたゲーム

協力ゲーム

各プレーヤーの協力を前提にしてプレーヤーの連携行動や協力の成果を分析するゲーム

では、「協力する」という口約束は、協力ゲームと非協力ゲームのどちらに該当するのが妥当でしょうか？　この場合、いくら口で「協力する」といっていても、契約書などの拘束力がありません。そのようなケースはやはり非協力ゲームであると考えたほうが妥当といえるでしょう。

なお、協力ゲームは実際に価格交渉や労使間の賃金交渉などに活用されていますが、難解な部分が含まれているため本書では取り上げません。ご興味を持たれた方はゲーム理論の専門書、たとえば武藤滋夫著『ゲーム理論入門』（日本経済新聞社）などに詳しく解説されていますので、それらをご参照ください。

■参考文献一覧

『戦略的思考とは何か』 アビナッシュ・ディキシット十バリー・ネイルバブ著／菅野 隆十嶋津祐一訳（ＴＢＳブリタニカ）

『ゲーム理論入門』 武藤滋夫著（日本経済新聞社）

『ＭＢＡゲーム理論』 鈴木一功監修／グロービス・マネジメント・インスティテュート編（ダイヤモンド社）

『ゲーム理論』 岡田 章著（有斐閣）

『ゲーム理論トレーニング』 逢沢 明著（かんき出版）

『経営戦略論』 ガース・サローナー十アンドレア・シェパード十ジョエル・ボドルニー著／石倉洋子訳（東洋経済新報社）

『新訂 競争の戦略』 M.E. ポーター著／土岐 坤十中辻萬治十服部照夫訳（ダイヤモンド社）

■編著者
グローバルタスクフォース株式会社
事業部マネジャーや管理本部長、取締役や監査役を含む主要ラインマネジメント層の採用代替手段として、常駐チームでの事業拡大・再生を支援する経営コンサルティング会社。2001年より上場企業の事業拡大・企業再生を実施。上場廃止となった大手インターネット関連企業グループの再生のほか、約50のプロジェクトを遂行する実績を持つ。主な著書に「通勤大学MBA」シリーズ、『ポーター教授「競争の戦略」入門』（以上、総合法令出版）、『わかる！MBAマーケティング』『早わかりIFRS』（以上、PHP研究所）、『トップMBAの必読文献』（東洋経済新報社）など約50冊がある。世界の主要ビジネススクールが共同で運営する世界最大の公式MBA組織"Global Workplace"日本支部を兼務。
URL http://www.global-taskforce.net

通勤大学文庫
通勤大学MBA10　ゲーム理論
2003年8月20日　初版発行
2012年4月19日　10刷発行

著　者　**グローバルタスクフォース株式会社**
装　幀　**倉田明典**
イラスト　**田代卓事務所**
発行者　**野村直克**
発行所　**総合法令出版株式会社**
〒107-0052　東京都港区赤坂1-9-15
日本自転車会館2号館7階
電話　03-3584-9821
振替　00140-0-69059

印刷・製本　**祥文社印刷株式会社**
ISBN978-4-89346-805-5

総合法令出版ホームページ　http://www.horei.com/